京都地域未来創造センターブックレット No. 7

人がまちを育てる

ポートランドと日本の地域

ポートランド州立大学
公共サービス実践・研究センター (CPS)
国際協定締結記念号

企画

京都府立大学京都地域未来創造センター（KIRP）

編著

川勝健志

公人の友社

まえがき

本書は、京都府立大学の京都地域未来創造センター（Kyoto Institute for Regional Prospects: ＫＩＲＰ）が２０１９年９月に米国ポートランド州立大学の公共サービス研究・実践センター（Center for Public Service: ＣＰＳ）と国際交流協定を締結した記念号として編まれたものである。京都府立大学とポートランド州立大学は、日米さらには京都とポートランドという違いはあるものの、ともに地域に根ざした知の拠点として、地域貢献という共通の使命をもつ。中でも、大学と地域をつなぐ橋渡し役として、両大学センターへの期待はますます高まりつつある。

ＣＰＳは、「全米一住みたいまち」として世界的に注目を浴びているポートランドのまちづくりを支える大学と地域をつなぐ橋渡し役として、公共サービスの研究及び実践に関する多彩なプログラムを国際的に実施してきた経験を有するセンターである。とりわけ、そのノウハウを生かした日本の地域公共人材（自治体職員、議員、ＮＰＯ、市民活動家など）の育成プログラムに関しては、15年以上もの蓄積と優れた実績がある。ＫＩＲＰとはその目的や機能、取り組み内容についても類似する点が多く、センターの運営ノウハウやＳＤ（Staff Development）についても先進的な取組みを行っていることから、ＣＰＳと調査・研究・教育及び人材育成などあらゆる面で相互協力し、交流を深めることの意義は小さくない。

本書は、そうした交流事業の一端に過ぎないが、ポートランドと日本の地域でも芽生え始めた「人がまちを育てる」、そんな小さな物語を読者の皆さんと共有したい。

編者

目次

まえがき………… 2
序章　いまなぜポートランドなのか………… 6
第一部：サステナブルシティの挑戦～ポートランドの住民主体のまちづくり～…… 11
（２０１９年10月31日　第３回ＫＩＲＰセミナー講演録）
第1章　ＳＤＧｓから見たポートランド………… 12
第2章　まちづくり人材育成プログラム参加者が語る、
これからのまちづくり………… 29
コラム　アメリカの大学専門職員「アカデミック・プロフェッショナル」から見る
地域に根差した大学の役割………… 43

第二部：ポートランドと日本の地域から（事例編）…… 45
第3章　コミュニティガーデンにおける公民協働の取組み
—オレゴン州ポートランドを事例として— …… 46
第4章　外国にルーツを持つ子ども・若者の支援を起点にした多文化共生の地域づくり
—島根県出雲市の取組み— …… 59
第5章　共鳴化とマルチパートナーシップによる集合団地の再生
—京都府八幡市の男山団地再編の試み— …… 75
第6章　住民自治と団体自治の関係性の変化
—京都府舞鶴市大浦振興協議会の実践— …… 88
終章　人がまちを育てるために …… 105

序章　いまなぜポートランドなのか

川勝　健志（京都府立大学公共政策学部教授・ＫＩＲＰ副統括マネージャー／ポートランド州立大学ＣＰＳシニアフェロー）

1　本書の目的[1]

ポートランドはアメリカ西海岸のオレゴン州北西部に位置し、人口は州最大の約65万人だが、日本でもよく知られているシアトルやサンフランシスコほどの大都市ではなく、中規模のいわば地方都市である。そんな地方都市に近年、多くの人々が移住し、人口が年々増加している。興味深いのは、移住してくる人たちの多くが、比較的高学歴の若者であるということである。

なぜ彼らはポートランドにやって来るのか。日本人の感覚からするとやや奇異な感じがするが、ポートランドにやってくる若者は、仕事を見つけてから移住するのではなく、移住してから仕事を探すことが少なくない。彼らがポートランドに移住する主たる動機は、ポートランドのライフスタイルへの憧れである。まちの中心部から車で1時間半ほど走れば美しい山や海にアクセスできることや、他の大都市に比べて生活費が安いこともさることながら、やや風変わりでユニークな考えを持った人に寛容であることもポートランドの魅力の1つである。日本では雇用を生み出すために、域外から企業を誘致することがよくあるが、ポートランドではまず前述のようなライフスタイルを求めてクリエイティブな人たちが集まり、そこに良質の労働市場が生まれ、有能な人材を求めて企業が後からやってくるのである。

都市の規模のわりには、多くの大学や研究機関があり、ポートランド州立大学以外にも大学がたくさんある。卒業後に大都市に移って就職することも可能なはずだが、給料が安くてもクリエイティブでお気に入りのライフスタイルを楽しむことができるポートランドに残ることを選択する学生もかなりいるという。ポートランドが「若者が引退しに行くまち」というフレーズで語られるのもそのためである。

今日ほどの人気ぶりが当初から見込まれていたわけではないが、ポートランドでは将来の人口増加とそれに伴う無秩序なスプロール化を抑制するために、70年代末からコンパクトな都市形態を目指す取組みが行われてきた。州政府が都市圏内を取り囲むように「都市成長境界線（UGB）」を設け、都市開発はその内部に限定し、農地や自然の保全につとめるというものである。これによって農家は安心して農業を営み、都市部で暮らす人々に産地直送で旬の農産物を届けることができる。都市部の人たちはそれを楽しむことができるし、都市近郊にある農地に直接アクセスすることもできるので、都市と農村の交流も生まれる。

日本ではコンパクトシティといえば、都市機能をまちの中心部に集め、周辺部に住む人たちを中心部に誘導しようとするのに対して、ポートランドでは周辺部に暮らす人たちが中心部に集約された都市機能にアクセスできるように公共交通を整備している点でも異なる（川勝 2011）。都市圏内にはバスや路面電車を中心に公共交通のネットワークが整備され、高齢者や体の不自由な住民にはLIFTと呼ばれるドア・トゥ・ドアの交通サービスもある。トランジットセンターや路面電車の駅には24時間無料の駐車場や自転車専用ロッカーが設置され、公共交通のない区域からの乗換えも可能にしている。ポートランドのコンパクトシティの取組みは、単にインフラ整備の効率性を高めるというよりも、むしろ中心地と周辺地を結ぶ持続可能な交通まちづくりとして行われているのである。

以上のような魅力的なまちをポートランドの人たちは、どのようにしてつくり上げてきたのか。この疑問を紐解く1つの鍵となるのは、ポートランドで脈々と受け継がれてきた住民自治の歴史と伝統、そして今日、ますます多様化しつつある価値の共有を形成していくプロセスとその動態をいかに捉えるかという点にある。本書の目的は、まさにそうした視点からポートランドと日本の地域でも広がりつつある住民主体のまちづくりを紹介し、そこから得られる教訓を学ぶことにある。

2　本書の概要

本書は、以下のような二部構成となっている。

第一部は、２０１９年10月31日（木）に京都府立大学京都地域未来創造センター主催で開催された、第三回ＫＩＲＰセミナーの内容を掲載したものである。

第1章は、ポートランド州立大学ＣＰＳ副センター長の西芝雅美教授によって行われた基調講演の記録である。ポートランドが全米で最も住みやすいまちとして世界中から注目を浴びている背景について、ＳＤＧｓ（持続可能な開発目標）の2つのゴール（「住み続けられるまちづくりを」、「平和と公正をすべての人に」）から見てみると、ポートランドでは国連に採択されるよりも何十年も前からその視点に立ったまちづくりが住民主体で行われてきた歴史があったことがわかる貴重な講演録である。

第2章では、ＣＰＳが過去15年以上にもわたり、日本の自治体職員を中心に提供してきた「まちづくり人材育成プログラム」の修了生を交えたパネルディスカッションの記録である。修了生を代表してご登壇頂いた京都府南山城役場の元職員で現在、株式会社南山城代表取締役社長の森本健次氏、静岡県富士市職員の高坂博子氏からは、まちづくり人材育成プログラムでの学びがその後の活動にどのように生きているのか、また活動する中で地域住民と良好な関係を築くためにどのような工夫をされているのかなど、それぞれの立場からお話いただいた。

第二部では、いま日米各地で行われている住民主体のまちづくりの事例を紹介している。

第3章は、ポートランドで盛んな都市農園（コミュニティガーデン）活動に関わる課題に対して、中間支援組織を介した協働プロセスを通じて多様な主体が話し合い、解決に向けた合意形成に成功した注目すべき事例である。多様な主体間で衝突しがちな利害の対立を解消し、調整する中間支援組織の役割は注目に値する。

第4章で取り上げる島根県出雲市は、地方都市でありながら、外国にルーツを持つ子どもや若者の成長を支える多文化共生の地域づくりを実践している数少ない事例の一つである。地元ＮＰＯによる外国にルーツを持つ子どもや若者の学習支援が彼／彼女らの居場所づくりへ発展し、そのことが地域住民を巻き込んだ多文化共生の地域づくりへと広がっていったことは、人口減少の地域社会において外国人の受け入れに対応を迫られる全国の自治体に多くの示唆を与えてくれる。

第5章は、施設の老朽化や住民の減少・高齢化が進み、コミュニティさえも希薄化する男山団地の再編に成果を挙げている京都府八幡市の事例を紹介している。団地の再編に向けた活動が次々と新しい活動を生み、連鎖的に誘発されていくプロセスや、多様な主体が参画し活動する対等な「マルチパートナーシップ」が形成されていくプロセスは興味深い。

第6章で取り上げる京都府舞鶴市の大浦振興協議会は、歴史的に行政機関への要望を主な活動とする地域自治組織である。かつては地域課題の改善を要望する協議会と要望される舞鶴市、行政施策を依頼する舞鶴市と依頼される協議会という相互依存の関係にあった両者が協働する関係へと変貌しつつあるプロセスから私たちが学ぶ意義は小さくない。

終章では、日本の自治体で一般に見られる住民参加の実態を紹介したうえで、ポートランドと日本の地域の事例から、「人がまちを育てる」ために求められる住民と行政双方の姿勢について述べる。


〈注〉
1 本節は、川勝（2019：40-41）を一部加筆・補正し、再構成したものである。ポートランドのまちづくりの特徴については、拙稿を参照されたい。

〈参考文献〉

川勝健志（2019）「ポートランドのまちづくりに学ぶ」『国際文化研修』第105号、40-43頁。

川勝健志（2011）「アメリカの交通まちづくりと持続可能な都市交通経営―オレゴン州ポートランド都市圏を事例に―」。

日本地方自治学会編『変革の中の地方自治』敬文堂、135-168頁。

第3回連続自治体特別企画セミナー（KIRPセミナー）（2019年10月31日）
講演録

第一部

サステナブルシティの挑戦

～ポートランドの住民主体のまちづくり～

第1章　SDGsから見たポートランド

西芝　雅美（ポートランド州立大学ハットフィールド行政大学院行政学部長・教授／
ＣＰＳ副センター長）

１　はじめに

私は１９９１年に米国オレゴン州のポートランドに行き、ポートランド州立大学にて修士・博士を取得した後、２００４年から同大学で教員として働いています。２００４年から日本の皆様向けにまちづくり研修をポートランド州立大学にて行って参りました。今日は、私自身の個人的な経験や研究内容なども踏まえ、ポートランドの住民主体のまちづくりについて、ＳＤＧｓとの関連で話をさせていただきます。

ポートランドのあるオレゴン州は北のワシントン州と南のカリフォルニア州との間に位置しています。オレゴン州の人口は４２５万人で、全米27位ですがまだまだ人口は伸びています。富山県が姉妹県で、昔はビーバーがたくさんいたので、「ビーバー州」という愛称がついています。

ポートランド市はオレゴン州の北部に立地している市です。人口は65万人で、順位は全米26位。人口はやはり増加しています。札幌市が姉妹都市で、２０１９年は姉妹都市60周年になります。バラ園が有名で「バラのまち」という愛称がついています。森林だったところを切り開いてつくったまちなので昔は木の切り株がたくさんあったことから、「切り株のまち」（Stump Town）ともいわれています。

経済的にも伸びている都市であり、外から人も多く流入しています。産業としてはソフトウエアやデジタル関係、自然エネルギー系の会社などがあり、スポーツウエアのＮＩＫＥの本社が、ポートランド市の隣のビーバートン市にあります。市内から山へも海にも車で2時間ぐらいで行けるので、アウトドアが好きな人が多く、アウトドア関係やスポーツ用品関係の会社もたくさんあります。

ポートランドは「全米で最も住みよいまち」ランキングの1位を長年保持しています。年によって多少前後することはあっても、トップ5には必ず入っています。環境にやさしいまちとしてのランキングも高いですし、クリエイティブなまちとしてもランキング3位になっています。ビールの醸造所がたくさんあって、ビールもおいしく、郊外にはワイナリーも多くあり、ワインでも有名です。その他、全米で最も出産に適したまち、外食目的で出掛ける価値があるまち等のランキングでも上位に入っています。人口当たりのレストランの数が一番多いまちだそうです。

ワシントン州とオレゴン州の境目にポートランド市があるのですが、ワシントン州側は消費税があるので、ワシントン州に住んで消費税のないポートランドに買い物に来る方もおられます。

「変わり者であり続けたいまち」、英語では「Keep Portland Weird」と言う表現がポートランドのスローガンのようによく使われています。

2　ポートランドが全米で最も住みよいまちになった背景

今回の一連セミナーのシリーズがＳＤＧｓ、持続可能な開発のためのゴールがテーマですので、ポートランドが住みよいまちになった背景・要因をＳＤＧｓの観点から今日は話を進めようと思います。ＳＤＧｓは、国連に加盟している国が挙げている２０３０年までに達成すべき17のゴールで、そのそれぞれにかなりの数のターゲットが決められています。今日はポートランドのまちづくりに一番関係がありそうなＳＤＧｓの中から、11番の「住み続けられるまちづくりを」と16番の「平和と公正をすべての人びとに」という二つのゴールに絞って話をします。

ＳＤＧｓの11番の中では三つのターゲットに焦点を当てます。ターゲットの11・2は「公共交通機関の拡大などを通じ、すべての人々が利用できる、持続可能な輸送システムへのアクセスを提供する」、11・3は「参加型、包摂的かつ持続可能な人間居住計画・管理の能力を強化する」、11・7は「人々に安全で包摂的かつ利用が容易な緑地や公共スペースへの普遍的アクセスを提供する」となっています。これら三つのターゲットは、ポートランドのまちづくりに関係があると思います。

ＳＤＧｓの16番の方は、二つのターゲットに焦点を当てます。16・6は「あらゆるレベルにおいて、有効で説明責任のある透明性の高い公共機関を発展させる」、16・7が「あらゆるレベルにおいて、対応的、包摂的、参加型、および代表的な意思決定を確保する」です。以上、二つのゴールの五つのターゲットに合わせてポートランドのまちづくりを考察します。

2-1　SDGs11・2　高速道路の代わりに公共交通を導入

まずSDGs11・2は、「脆弱な立場にある人々、女性、子ども、障害者、および高齢者のニーズに特に配慮した上で公共交通機関を拡大する」というターゲットです。このターゲットと関連のある事例が二つあります。一つは、高速道路を造らないで公共交通を優先した事例、もう一つは、ポートランド周辺の主要交通網であるサウスウェスト・コリドー交通計画策定の事例です。

まず、高速道路より公共交通の整備を行ったという話です。1970年代の初めはアメリカ全土で経済開発への投資が活発で、連邦政府とオレゴン州は4億ドルの予算でポートランドからフッド山という、ポートランド州の東側にある山を越えてさらに向こうまで行く高速道路を建設するという計画を発表しました。この高速道路を造るには住宅地の上に高架をつくり、山まで高速道路を引かなければなりません。そのために立ち退きを強要される住民は計画に大反対しました。また、フッド山というのは非常に環境が良い風光明媚な山です。アウトドアスポーツなどもよく行われ、ハイキングなども気軽に楽しめる自然の豊かな山に高速道路を通したら、環境が台なしになるということもあって、環境保護活動家も住民と一緒に反対しました。

反対派グループのリーダー格の一人にニール・ゴールドシュミットという、若くてエネルギッシュな政治家がいて、彼が1972年に市長に就任しました。ゴールドシュミット市長は若者や環境保護団体などを巻き込み反対運動にエネルギーを注ぎました。こうした活動が功を奏して、1974年に高速道路の建設が中止となりました。連邦政府は既に高速道路建設のための予算を州政府に割り当てていたので、高速道路を造らなくなったことで、ついている予算を連邦政府に返上するのは州政府としてはもったいない話です。そこでゴールドシュミット氏が高速道路を造るためのお金は交通政策に割り当てられている予算だということで、高速道路は造らないけれども、同じお金を連邦政府の補助金としてMAXという電車を導入することによって、公共交通を整備したらいいのではないかと提案しました。様々な交渉の後、その提案が通り、電車を市内に走らせたことが今日ポートランドが公共交通が充実したまちとなったきっかけです。高速道路を造らないで公共交通に力を入れたという意味で、先ほどのSDGsのターゲットにあった活動をSDGsが推奨されるよりずっと前に既にポートランドはやっていたことになります。

もう一つの事例は、サウスウェスト・コリドー交通計画です。これは現在進行中の交通計画で、ポートランドのダウンタウンを走っている川沿いを南に向けて走っている高速道路を周辺の環境整備も含めて総合的に開発する事を目的としている計画です。このサウスウェスト・コリドーを走る高速道路は交通量の多い多目的道路で、トラックなどが物資の運搬のために利用する一方、ポートランドの南に位置するテュアラティン市やタイガード市などの郊外住宅地に住む住民はこの高速道路を通勤通学に使います。今後、車の数を減らし、公共交通を利用する人を増やしていくために、ポートランドのダウンタウンからMAXの路線を南に延ばすというのがサウスウェスト・コリドー交通計画の大きな柱です。

サウスウェスト・コリドー交通計画の策定及び実施スケジュールですが、２０１７年に計画策定に着手した当初にまず行った事は、パートナーシップをいろいろな当事者と結び、パートナーシップを結んだ団体などの協力を得ながら、サウスウェスト・コリドー沿線のコミュニティにどういった人たちが住んでいて、どういった産業があって、どういったニーズがあるのかというのを把握することでした。このニーズ把握に住民とコミュニティを積極的に巻き込んだ理由は、サウスウェスト・コリドー交通開発では弱い立場にある人にできるだけダメージを与えないように、できるだけ多くの人々が同様のメリットを受けられるようにする公正 (equitable) な開発を目指したからです。

サウスウェスト・コリドー交通計画の公正性のある開発戦略とは、次の通りです。サウスウェスト・コリドー周辺の住宅を多くの住民に公正に提供できるような方策を交通網の充実と並行して考える。従来からあるビジネスを大事にしながら新しい雇用も創出できるような方策を考える。周辺住民の人材育成に力をいれる。そして投資先の選定にはいろいろな側面に及ぶインパクトを考慮に入れた上で、場所や再開発の方法を決定する。これらを包括的に考えた開発こそが公正性のある開発であるとサウスウェスト・コリドー交通計画では強調されています。

2-2　SDGs11・3　話し合いの場を効果的にする

ＳＤＧｓ11・３のターゲット、「２０３０年までに、包摂的かつ持続可能な都市化を促進し、すべての国々の参加型、包摂的かつ持続可能な人間居住計画・管理の能力を強化する」です。このターゲットに関係があるポートランドの取り組みが二つあります。一つは、ポートランド市の住民と行政が共につくり上げてきた「市民参加原則（Public Involvement Principles）」。もう一つは、その市民参加原則を運用しながら行った、住民を巻き込んでのビジョンづくりとその実行計画づくりです。

ポートランド市は早い段階から住民と行政の協働で「市民参加原則」をつくってきました。この市民参加原則の中で行政が住民を巻き込む際に考慮しなければならない七つの原則が定められています。原則その1は、住民を巻き込むということは行政と住民がパートナーシップを組むということであるということ。原則その2は、事業やプロジェクトを行う際は早い段階から住民を巻き込み、情報提供し、話し合いをしなければならないということ。つまり、行政でいろいろとプロジェクトをつくり上げてしまってから住民に対して「どうですか」と言うのではなく、プランを作る段階で住民と話し合いましょうということです。原則その3は、パートナーシップの構築とも関係があるのですが、住民と行政あるいは関係者同士がお互いに信頼関係を持てるように努力しなければならないということです。原則その4は、包摂性と公正性です。住民参加のプロセスでは多くの人々を対等に巻き込んで、すべての人々が公正な形で参加できるようにしなくてはいけません。原則その5は、プロセスを重視するということです。住民参加の結果だけを重視するのではなく、どういったプロセスが取られているかを十分考えながら住民を巻き込んでいくことが重要です。原則その6は、透明性です。隠し事をするのではなく、プロセスをお互いがちゃんと見えるようにしようということです。原則その7は、アカウンタビリティ（説明責任）です。要するに行政も住民も、やると言ったことはちゃんとやるということです。

ポートランド市ではこの市民参加原則を話し合いの場を効果的にするための原則として作り、実行しています。住民で構成される住民諮問委員会（ＰＩＡＣ）がそれぞれの原則毎に評価指標を設け、話し合いの場で原則が守られているかどうかを評価しています。

市民参加原則をベースに、ポートランド市ではいろいろな形で住民を巻き込む取組みを行ってきました。その中の一つの流れが、住民を巻き込んだ市のビジョンづくりと総合計画の策定です。まず２００５～２００８年にトム・ポッター市長がポートランドをどういうまちにしたいかというビジョンを住民に聞いて、ポートランドの将来像をまとめる「ビジョンＰＤＸ」が策定されました。ビジョンＰＤＸの策定プロセスでは、非常に広範囲に住民の意見を聞いています。例えばＮＰＯ劇団の協力を得て、舞台上でポートランドの未来を考えるようなストーリーを演じながら、観衆からポートランドのビジョンを募ったり、まちなかにトラックを出して、お茶を振る舞いながらアンケート用紙を配ったり、いろいろな面白いアイデアを導入して、ポートランドの将来ビジョンがまとめられました。

ビジョンＰＤＸができた後、就任したサム・アダムス市長は、将来ビジョンを具体的に実現するための計画を手掛け、同じように住民を巻き込み「ポートランド・プラン」が策定されました。このプランでは具体的に教育の分野では何をするのか、公正性の分野では何をするのか、あるいは都市計画の分野では何をするのかが明記されました。

ポートランド・プランの次に行われた取組みが、ポートランドの総合計画の改定です。総合計画は土地利用計画でもあり、10年ごとに改定しなければなりません。そこで、ビジョンＰＤＸとポートランド・プランでつくり上げられてきた将来ビジョンと実施計画に基づき、総合計画の改定が２０１３年から２０１５年に行われました。

こうした住民の意見を聞き、どういうまちにしたいのかというビジョンを明確にした上でまちづくりの計画をつくり上げていくというプロセスは、ＳＤＧｓ11・３のターゲット達成に見合ったアプローチの一つと考えられます。

2-3 ＳＤＧｓ11・7 安全で包摂的なスペースの提供

ゴール11の三つ目のターゲットは「２０３０年までに、女性、子ども、高齢者および障害者を含め、人々に安全で包摂的かつ利用が容易な緑地や公共スペースへの普遍的アクセスを提供する」です。このターゲットに該当するポートランドの事例が三つあります。高速道路を撤去して川べりの公園を造った事例、駐車場を取り壊して公園を造った事例、そして移民が多く住むポートランド東部に公園を造った事例です。

まず、高速道路を撤去して川べりの公園を造った事例です。ダウンタウンを流れるウィラメット川の西側の川沿いに１９４２年に造られた、ハーバードライブという高速道路がありました。先述のフッド山への高速道路建設計画への反対運動があったのと時期を同じくして、このハーバードライブ高速道路の拡張計画が持ち上がりました。しかし、せっかくまちの中に川があるのに高速道路によって川とまちが分断されているのはもったいないという住民の声が上がり、高速道路拡張反対運動が始まりました。反対デモ運動で住民が食事やござを持って川べりの高速道路に集まってピクニックをして、自分たちはこの川べりを、高速道路ではなくて、こういうふうに使いたいのだ、ピクニックができるような公園にしたいのだという意志表示をしました。

当時のオレゴン州知事トム・マッコール氏は自然環境保護派だったので、そういう住民の批判を重要視し、諮問委員会が結成されました。その結果、ハーバードライブ高速道路は撤去されました。その後、1978年にできたのがトム・マッコールウォーターフロントパークという川沿いの公園です。ポートランドでは、安全で多くの人たちがアクセスできる公共スペースを造るという取組みが、SDGsのターゲットとしてうたわれる前から既にやっていたというわけです。

次の事例は、駐車場を公園に変えてしまった事例です。1969年当時、ダウンタウンの中心にマイアー&フランクというデパートがありました。デパートの前に2階建ての駐車場があったのですが集客のためにこれを12階建ての高層駐車場にしたいとデパートが申請しました。それに対して住民が反対し、公聴会が重ねられた結果、マイアー&フランクの高層駐車場建設の申請が市議会で却下され、その代わりに市が土地を買い上げて公園にすることになりました。そうやってできたのがパイオニアコートスクウェア公園です。まちのど真ん中に人々が集まれる公共スペースができたわけです。この公園は1984年に完成したのですが、施工途中で資金が足りなくなり、寄付をしてくれればあなたの名前を公園の床を敷き詰めるレンガに入れますと宣伝して寄付を募り、お金を出してもらった人たちの名前を残しました。

今日、パイオニアコートスクウェア公園はイベントなどでも使われ、イベントがないときは買い物客が座ってコーヒーを飲んだり、話をしたりする「ポートランドのリビングルーム」とも呼ばれ、ポートランドに住む人々がゆっくりくつろげる公共スペースになっています。

以上の二つは過去の事例ですが、次に最近の事例をご紹介します。ダウンタウンからバスで30分ぐらい、車で15分ぐらい東にゲートウェイ地区があります。この地区は比較的所得レベルが低くて移民が多く、他の地域に比べると公園のような公共スペースが全くないような場所でした。公正性の観点からも、そういった地域にもいろいろな人々がアクセスでき、楽しめるような公園を造ってほしいという住民の要望もあり、ポートランド市が公園を造ることになりました。

こうして２０１８年にできた公園がゲートウェイディスカバリーパークです。この公園はユニバーサルデザインを取り入れ、若者から高齢者、障害がある人も公園を使えるようなスペースにするということで、いろいろな工夫がなされています。公園の中の遊歩道は全て車椅子でアクセスできるように工夫されています。また、子どもが遊ぶ砂場では車椅子に乗った子どもも椅子に乗ったまま手を出したら遊べるように立体的なデザインを取り入れて、誰でもアクセスできるように工夫をされています。

また、この地区は移民が多く、文化的背景も多彩です。そのため、公園の設計過程では、子どもも含めて多様な住民を集めて、どういう公園にしたいか意見を聞きました。話を収集した上で、公園の中に「蝶」をモチーフにした彫像を有名なアーチストに頼んで造ってもらいました。「蝶」をモチーフにしたのは世界各国から集まってきたいろいろな人たちが手をつなぐような、羽ばたけるような場所にしたいという想いが話の中に出てきたからです。

2-4　SDGs16・6　有効で説明責任のある透明性の高い機関

次にSDGsゴール16に触れます。SDGs16のターゲットの一つに「あらゆるレベルにおいて、有効で説明責任のある透明性の高い公共機関を発展させる」ことがあり、そういう公共機関の発展に寄与してきたのが、ポートランドの場合はネイバーフッド・アソシエーション（NA）です。

ネイバーフッド・アソシエーションというのは、町内会に似た地縁ベースの住民参加のためのメカニズムで、1974年にネイバーフッド・アソシエーションの支援組織としてネイバーフッド・アソシエーション支援局が市の機関としてできました。

ネイバーフッド・アソシエーションは市が認めた公式の組織で、申請すれば活動予算として年間3000～5000ドル程度を活動資金として市から割当てられ、主に広報誌の発行等に使われます。ブロックパーティなどのイベンドを企画した場合は市の担当者が手助けするといった支援も受けられます。日本の町内会は家庭ごとの加入ですが、ネイバーフッド・アソシエーション場合は個人としての加入で自主的に参加したい人が個人として参加します。

活動内容は、行政の下請け的なことをするのではなく、コミュニティの活性化、政策提言等が主です。例えば土地利用計画の変更に伴いゾーニング規定を変える場合には必ず役所はネイバーフッド・アソシエーションの承認を得なければならないという条例があるため、土地利用計画変更や市の予算策定に関してもネイバーフッド・アソシエーションの代表者が市に意見を出すといったようなアドボカシーの活動もネイバーフッド・アソシエーションはしています。

ネイバーフッド・アソシエーションが公式認可されるためには、会則を持たなければなりません。またネイバーフッド・アソシエーションのミーティングは必ず一般に公開されなければなりません。こうしてネイバーフッド・アソシエーションの活動の透明性を確保し、ネイバーフッド・アソシエーションの運営方法のガイドラインなども設けられています。会費については、市から予算が出ているので、基本的には個人から会費を徴収してませんが、イベントする際に一時金を徴収することはあります。

ネイバーフッド・アソシエーションの活動は、Office of Community and Civic Life（コミュニティおよび市民生活課：通称「シビックライフ」）が支援しています。この部署は市の各担当部署とネイバーフッド・アソシエーションとのつなぎ役でもあります。現在、ネイバーフッド・アソシエーションは94あり、それぞれ上部組織である7つのネイバーフッド・アソシエーション地域連合(coalition)に属しています。

ネイバーフッド・アソシエーションは地縁ベースの住民の集まりですが、近年では住民参加の母体となるコミュニティは地縁ベースのものだけではないとの認識が高まり、いろいろな形での住民の巻き込みを図る接点として、市は加盟者・サービス対象者ベースのいろいろなＮＰＯ団体等とも連携し、より広範に住民の意見を吸い上げるメカニズムをつくっています。

2-5　ＳＤＧｓ16・7　公正性確立のための実行計画

ＳＤＧｓ16の中でとりあげるもう一つのターゲットは、「あらゆるレベルにおいて、対応的、包摂的、参加型、および代表的な意思決定を確保する」です。このターゲットで推奨されている公正な意思決定のプロセスを設けるために、ポートランド市は、「公正性を確立するための実行計画（Equity Plan）」をつくっています。ポートランド市のEquity Planには、三つのゴールがあります。一つ目のゴールは、市役所組織内の人種間格差をなくすこと。二つ目は、有色人種や移民・難民の住民の行政参画を推進し、行政サービスへのアクセスを確保することです。そして三つ目は、不公正を是正するための行政サービスができるように、コミュニティとパートナーシップを結ぶことです。

公正性という言葉はＳＤＧｓの中でも強調されているのですが、実は非常に難しい概念です。重要なのは公平性（equality）と公正性（equity）は違うという点です。公平は全ての人たちを同じように平等に扱うことですが、公正は全ての人たちが同じ結果を享受できるようにすることです。図1のこの絵は、フェンスの向こうで行なわれているサッカーの試合を見たい子どもたちが3人いて、1人は背

図1　公平性（Equality）vs 公正性（Equity）

出所：Equitytool（https://www.equitytool.org/equity/）

が高くて、1人は中ぐらいで、1人は車椅子に乗っています。

この3人の子どもたちを公平に扱い、サッカーの試合を見られるようにするということは、それぞれの子どもに同じ形で同じ高さの箱を与えてあげることになります。しかしそれでは背の高い子は別に箱がなくてもサッカーの試合が見られるのに、箱をもらっているので、ますます試合が見やすくなり、中ぐらいの背の子は、箱があることでサッカーの試合が見られるようになります。しかし車椅子の子は箱をもらったところで乗れないので、結果としては試合が見られません。

公正に扱うという事は、同じ形で同じ高さの箱みんなに均等に与えるということではないのです。背の高い子は箱は要らないでしょう。その代わり、真ん中の子に箱を2つあげてより試合が見やすいようにし、車椅子の子には違った形の箱を作ってあげて試合が見られるようにするというのが公正という考えです。この絵自体にもいろいろ批判がありますし、そんな単純なものではないだろうといわれるとその通りですが、概念として公平に扱うのか、公正な結果を求めるのかということを考えた上で、SDGsゴール10でいわれている公正性を考える必要があると思います。

ポートランド市役所の場合は、「公正性のレンズ」を使って事業を検討しています。例えば各部署が予算申請をする際、まず「公正性および人権問題担当局（Office of Equity and Human Rights)」に予算案を提出し、人権問題担当局が予算申請が出ている事業によって特別にダメージを受ける人種や民族のグループがないか、意図せずして今まである格差がさらに助長されるような結果になるような予算配分をしていないか、今までメリットを受けていなかったグループがメリットを受けることで、格差が縮まって公正な結果がもたらされるようになっているか等の観点からチェックをします。ポートランド市は、現段階では公正性を人種・民族のレベルに特に焦点を当てて取り組んでいます。これは歴史的な背景上、人種・民族レベルの公正性を是正することで他の分野での不公正も解決される可能性からです。

以上、ＳＤＧｓの11と16をフレームワークにして、どうしてポートランドは全米で最も住みよいまちになったかという事例を紹介しました。

3　ポートランドの課題

ポートランドにも課題がないわけではありません。いま最も大きな課題は、住宅の高騰と人口増加によって、適正価格の住宅が不足してホームレスが増加していることです。ホームレスの問題は住宅だけの話ではなくて、アメリカの場合、福祉制度や治安の問題も絡んでいるので、ポートランドだけでなく全米の多くの都市でも課題となっています。

ポートランドがこうした課題にどのように取り組んでいるかというところから、日本の皆様にも参考になる教訓があるのではないかということで、ポートランド州立大学では２００４年から日本の方々を対象にまちづくりのありようを考える「まちづくり人材育成プログラム：通称JaLoGoMa（Japanese Local Governance and Management Training）」を行っています。

ポートランドのまちづくりについては、JaLoGoMa等で考える場合に忘れてはいけない点が一つあります。まちづくりには、氷山に例えると水面より上の目に見える部分と水面下の部分があります。水面より上の目に見える部分は、例えば都市計画や景観デザイン、またネイバーフッド・アソシエーション等があるでしょう。しかし目に見える部分のまちづくりの結果は、氷山の水面下で目に見えないところがベースになっていますので、目に見えない部分、つまり人の意識や、価値観、ものの考え方、文化的な背景等があって、目に見える部分のまちづくりの結果が出来上がっているのです。日本からポートランドにまちづくりの視察に来て、目に見える部分で「ポートランドではこういうふうに公園を造っていたから、日本でも同じような公園を造ろう」とすると、目に見えない部分が日本とポートランドは違いますから、多分成功しないでしょう。JaLoGoMaではそういったことも考察しながら、まちづくりについて皆さんと学んでいます。皆様も機会があれば是非ご参加ください。

第2章　まちづくり人材育成プログラム参加者が語る、これからのまちづくり

パネラー：
森本 健次氏（株式会社 南山城 代表取締役社長、元京都府南山城村職員）
高坂 博子氏（静岡県富士市役所総務部防災危機管理課　防災対策担当上席主事）
西芝 雅美氏（ポートランド州立大学ハットフィールド行政大学院・行政学部長・教授）
コーディネーター：
川勝 健志（京都府立大学公共政策学部教授・ＫＩＲＰ副統括マネージャー／ポートランド州立大学ＣｐＳシニアフェロー）

森本　元南山城村役場の職員で、２０１１年にプログラムに参加しました。南山城村で一昨年オープンしました道の駅を運営しており、多い日は村の人口を超える、一日４０００人から５０００人の方にお越しいただいております。

道の駅で土産物を売るだけでなく、地域商社という形で自分たちの商品をいろいろ開発し、ソフトクリームやプリンが人気となっています。ＪＲ伊勢丹さんや明日オープンの山科の新しい無印良品さんでもプリンを扱っていただいたりとか、そういう形で地元で自分たちが作ったものが、京都とか大阪、東京で販売されるようになりました。そのきっかけとなったのが、「お茶は売れない、自分たちは作ることしかできない」という、生産者さんの作ること以外をやってみるという仮説を役所時代に立てたところから始まります。

京都では宇治茶が有名なんですが、その宇治茶で紅茶をつくったらということがマスコミに面白がられたんです。僕が役所の机の上でネット販売もどきをやったり、仕事中にお茶屋さんに営業に行ったりとか、役所ではＮＧなことを道の駅をやるという前提でやってきました。そういうことがきっかけで、農家が自分たちはできないと言われてきた部分を、我々がどうやるのか、自分たちで商品をつくるということをやっていくのです。別にものを売るという話ではなく、お茶を生業として南山城村で生計を立ててきたという風景をどう守るのか。すべての家ではないですが、各家の庭先に自家消費用のお茶の木があって、それが産業革命のように広まっていって生業という形になった。僕もすごく好きな風景なんですけど、この風景をどのように守り継続させていくのか、そのための仕組みづくりを考えた末です。そのために自分たちで価値をどう作っていくのか、それが地域商社という考え方になるのですが、そのできないこと、自分たちのことは自分たちでやろう。「村に必要なことに村の人達が取り組み、それによって利益を享受する」という考え方が、村で暮らし続けるということにつながるのではないか、ということです。

「南山城村で暮らし続ける」を実現するということに取り組む会社です。こういうプレーヤーが少ない中でやるには、ということで、役所を退職して、村の会社でやっています。

高坂　防災課にきて3年目なんですが、2年目のときに「まちづくり人材育成プログラム：通称 JaLoGoMa（Japanese Local Governance and Management Training）」に参加しました。最初は単純に海外でプログラムがあるから行くのどう？という形で声をかけられました。私は職場の研修費で行くので、まちづくりと防災って関係ないなと思って、最初は行けないのではないかと考えていたのですが、無理やりこじつけて申請書を書く中で、防災においてまちづくりの考え方ってすごく大事だなと思いはじめて、申請を決めました。求めたものとしては、住民とのパートナーシップがないと、講座をやるにしても浸透していかないし、話をしても聞いてくれない、という基本的なプロセスが1つ目です。それから、防災は自分の身は自分で守るという根本的な考え方があります。ですので2つ目は、住民の方に市になんとかやってもらえるんじゃないか、という考え方を変えてもらって、自主的に活動してもらうために、ポートランドでヒントを得られないかということ。防災担当になったとき、私はとても期待を背負わされて、女性の意見を是非言ってくれと言われていたんですが、求められていたものにどうやって答えればいいのかわかりませんでした。ポートランドやアメリカでは女性の活躍が多いということだったので、女性の関わり方はどんなものかを見たいと思ったのが3つ目です。私はこの3つを研修の中に求めて、参加をしました。それぞれどういったものを感じたのかということは後ほどお話できればと思います。

川勝　ポートランド州立大学ＣＰＳが提供している「まちづくり人材育成プログラム」は、ポートランドというフィールドを使って、住民主体のまちづくりを体感して、それぞれが何らかの学びを得てもらうという取組みですが、実際、今の活動にその学びがどう活かされているのか、あるいは自分の考えにどう影響を与えたのか、お二人にお尋ねしたいと思います。

森本　西芝さんのお話にも出てきましたネイバーフッド・アソシエーション（NA）で、イブニングサイトビジットという形で、ポートランドは日が長いので、参加をさせていただいたのですが、地域住民の方も役所の方もすごくフラットに参加していて、日本の役所、僕がそれまでいたところでは、役所が決めたことを下に落とす、上から落とすかのように、お願いする、既成事実の説明会をする。そういうのに対して、権限も予算も与えられていない人たちが、それは自分たちの、例えば公園のことであったりとか、スーパーマーケットができるだとか、自分たちのまちのことをすごく真剣に取り組まれている姿を見て、なぜこの人達はそんなに役所のひとと同じようにまちのことを考えているのだろうと思いまして、自分の中で答えは出たのですけれども、自分たちのまちだからということですけれども、話のもっていきかたというか、なぜこういうことをやらないといけないのかというところを、自分たちの暮らしを、まちを良くするという問題提起、課題提起、自分たちもやっていかないといけないなというふうに思いました。

高坂　JaLoGoMaの研修を受けて一番影響を受けたことは、今まで疑問に思うことが当たり前、だったのが、ポートランドではそうじゃなかったということ。先程話をした中の、女性の関わり方というところで、アメリカでは、女性の役員さん、ボランティアを見ても、女性が多い。防災の職場を見ても半分くらい女性がいる。「それはなぜですか？」、と住民にきいたことがあって、そしたら「なんでそんなことを聞くのか」、と言われたんですね。女性が多いのは、半分は女性なんだからそうだろう、という感じで。現地に行かないで外から見てると、なんでなんだろうと自分達がマイナスに見えることばかりだったんですが、向こうに行くと、そんなことはどうでもよくて、やりたい人がやれることをやるという活動をしている方が多かったという発見がありました。もう一つ影響を受けたのは、日本では説明会をやるので来てくださいというふうに人集めしますが、サウスウェスト・コリドーの計画のなかで、女性のエリーさんという方が、地域住民の説明会を行う際に、「すでに人が集まっているところ、日曜日の教会などに足を運んで、興味のない人に発信していかなくてはいけないよ」と言われたことです。はっとして、今までなんとか子どもがいるお母さんをセミナーに呼びたいとやっていたんですが、いつも市役所でやっているセミナーに呼ぶのをやめにして、お子さんがいる保護者だけを対象に、地域の公民館など近いところでやる、子どもが泣こうが喋ろうが遊んでいようが、こちらはしゃべるので周りを気にせず来てください、という形で開催しました。一つの成果が出たところだと思います。

川勝　お二人の話で重要だと思いましたのは、住民サイドの主体性です。森本さんは、日本ではまちづくりが行政主体で進められてきたのに対して、なぜポートランドでは住民が主体的に動くのかと当初は疑問に思ったとのことでした。しかし、よくよく聞いてみると、自分たちのまちなんだから自ら動くのは当たり前のことだということに気付かされたということでした。高坂さんの方からは、女性が非常にたくさん取組みに参加しているという疑問について、これはやりたい人がやりたいことをやっているだけだということに気付かされたというお話をいただきました。やはり行政サイドからすると、何か説明会を開かなければいけないとか、住民の意見を聞こうということで、ここに何時に来て下さいということになりがちですが、そうするといつもだいたい同じ人が来るんですね。もちろん、そのように参加して下さる人たちは貴重な方々ですが、それだけではだめで、むしろ無関心な人やサイレントマジョリティと呼ばれている人たちをいかに巻き込んでいくかが大事なのではないかというお話だったように思います。

西芝先生からもお二人の話を聞いてどのように感じられたのか、少しお話いただきたいと思います。

西芝　私達がやっている研修について、日本でまちづくりをするのになぜわざわざポートランドまでいかなくてはならないのかとおっしゃる方もいらっしゃいます。わざわざ海外に行って勉強する理由は、日本で当たり前と思っていたことが、当たり前じゃない社会に気がついて、そこから新しい発想が生まれる可能性があるからだと思うんですね。今聞いていて、お二人がそういう気づきをポートランドで持たれて、その気づきをベースに様々な取組みをしていただいている様子がわかり、私も嬉しいです。

西芝　私から質問していいですか。森本さんはポートランドでの研修に役所の職員として参加されたのですが、その後、役所をお辞めになりましたよね。その転機にJaLoGoMaのプログラムはなにか関係していますか。

森本　直接か間接かというところはありますが、いろいろ多様な主体の人達の活動をポートランドで見たときに、自分の地域に置き換えてみたときに、役所がやろうとしていることに協力しようとする民間の主体を考えたときに、人口２７００人という村でなかなかいない、行政としてキャッチボールをしたいけれども、受け取る相手がいない、じゃあどこに向けてボールをなげればいいのか、という話になったときに、薄々自分がそっちに行かないと、役所のまちづくりのしくみとして成り立たないのではないかと思って、モヤモヤしたということです。

西芝　JaLoGoMa に参加された方のその後は色々あって、自治体職員を続けられる方もいらっしゃいますし、転職をされる方もいらっしゃる。民間に入る方、政治家になられる方、ＮＰＯを立ち上げられた方等もいらっしゃるんですね。皆さんの話を聞いていると、さっき高坂さんがポートランドの人はやりたいことをやっていると仰っていましたが、なんとなく皆さんポートランドの人たちを見て、やりたいことをやれるのであれば、別に今の職業にこだわらなくていいという発想で新しい職業に就かれるのかなという印象です。

高坂　私が参加したのは昨年ですが、一緒に行った方の中にも転職された方がいました。ポートランドでみた人やまちのキラキラ感のようなものを感じてやりたいことをやると決めた人とか、Facebook で見ていてすごいと思います。自分は転職という選択はしませんでしたし、しばらくこのままだと思います。ここで話させていただいているというのも、大きな何かを成し遂げているというわけではないです。でも、ポートランドで学んだ感覚とか、住民の空気感とかを自分の市でもつくっていきたいという心意気は同じように持っていて、そのためにすることが大きなことではなくても、小さなことを積み重ねていきたいと思っています。

川勝　森本さんの方から公務員からの転身について話がありましたが、南山城村は田舎だということもあり、多様性に富んだプレーヤーが少ない、だったら自分がやろうというまさにポートランドで学んだ人たちが住民の主体性を肌で感じて実践された森本さんにその背景をお話しいただきました。

高坂さんの話を聞いていると、JaLoGoMaで学んだ人たちは、もともと所属していた組織で将来を期待されているといいますか、クリエイティブな人たちだと私は思っていますので、ちょっと頭をよぎったのは、そういう人たちがどんどん転身してしまうと、「JaLoGoMaに参加すると人をとられちゃう」みたいなことを心配する人たちも出てくるのかなと思ったのですが、これは社会全体から見れば決して悪いことではないと思います。たしかに所属していた組織にとっては優秀な人材が流出するということになってしまうのかもしれないのですが、むしろ社会のためにそうした人材を送り出すというふうに前向きに捉えてもらえるといいですね。

本日もそうですが、私どものセンターが今年、年間を通してのセミナーのテーマをＳＤＧｓのまちづくりとさせて頂いていますし、西芝先生にもＳＤＧｓに関連するお話をして頂きましたので、ここからは、このトピックにひきつけて話を聞いてみたいと思います。ＳＤＧｓはコンセプトとしては、世界的にも広まっている言葉ではありますが、中身を正確に理解できている人はまだそれほど多くないように思います。中でもＳＤＧｓの実現に必要な要素とされているのが、多様な主体の参加です。できる限りあらゆるステークホルダーを巻き込んでまちの未来をつくっていくという観点が謳われています。西芝先生のお話を聞いていると、ポートランドでは国連がＳＤＧｓを提唱する以前からすでにそのような観点を取り入れた取組みが始まっていたように思います。多様な主体を巻き込みながら、ポートランドは半世紀以上かけてまちをつくってきたというプロセスがあり、そのプロセスなしには、ポートランドの住民主体のまちづくりというのはなかなか理解できないのではないかと思うんです。そこで西芝先生にお伺いしたいのは、ポートランドではこれまで多様な主体の参加をどのように促してきたのか、また、主体間の関係、良好な信頼関係をどう構築してきたのか。もちろんそのプロセスで様々な利害の衝突があったと思うのですが、それらをどのようにして克服してきたのか、というあたりを少し補足して頂きたいと思います。

西芝　森本さんが、行政と住民が上下関係ではなく、フラットだというふうにおっしゃっていましたが、多様な主体が集まる場でポートランドの人たちが重視してきたのが、参加者がフラットな関係を持ち、対等な立ち位置で話し合いできるような場作りや話し合いの進め方をすることです。市民参加原則の中にもそのような内容の原則が入っていますし、ポートランド市の職員の方に話を聞いたときにおしゃっていたのですが、住民との話し合いをするときに、自分は円卓に座っているメンバーの一員だと思って参加しているとのことでした。行政がしたててこういうふうに住民に参加してくださいと指示するのではなくて、同じ円卓のメンバーの一人であると考えて参加しているというわけです。もう一つ重要なのは、フラットな関係と一緒だと思うのですが、透明性です。お互い腹を割って本当のことを話せるようにするという点だと思います。ポートランドでは、ごく最近問題がありました。住民参加のメカニズムとして、地縁ベースのネイバーフッド・アソシエーション（NA）と加盟者ベースやサービス対象者ベースの団体との両方が必要とだと話しをしましたが、実は加盟者ベースの団体が力を持ってきていて、しかも市役所の方もN

Aよりも面白いんじゃないかということで、NAの人たちを入れないで、加盟者ベースの人たちだけで集まってどうやったらいろんな住人を巻き込めるかという話し合いを進めて、NAの人たち抜きに話し合いをやっていることにNAの人たちが気づいて、今大混乱になっています。

とりあえず市役所の方が間違いを認めて、すみません、もう一回やり直させてくださいということで、話し合いを今やり直しているところです。ですので、透明性をきちんと確保することは、とても大事だと思います。

川勝　西芝先生にお伺いした話を森本さんや高坂さんにも伺いたいと思います。それぞれの活動の中で、住民と行政、あるいは事業者と行政というような主体間の関係、信頼関係を築いていく中で、どういうことが必要だと活動の中で考えておられるのでしょうか。

森本　スタッフ50名くらいで、野菜とかの加工食品を出してくれている人が170人ほど関わってくれています。その人達が、旬の野菜とか、おばあちゃんたちが会えたときに夏場はゴーヤの佃煮を持ってきてくれたりとか、そういう物のやり取り、おすそ分けというか、家で作ってきてくれたものをいただいたりするんですね。お客さんも外から来ている人、隣町から来た人や、IターンやUターンで、という人もいるんですが、そういう人たちと上手くコミュニケーションが取れていて、そのなかでいろいろ天候上のこととか、「畑が～で」「イノシシが～」という話を聞くことがあります。そのお話を、日常会話や物のやり取りの中でそういう関係ができていまして、すごくいいんですけど、さかのぼっていくと、7年前に道の駅の計画が始まったときは、敵対する住民もいて、財政が苦しいときに、「なにをハコモノをつくるんや」みたいなことで、その当時オープンの2年前に村長選挙があって、50対51みたいな感じで、進めていた村長が当選したのですが、住民が賛成と反対に半々に分かれてしまった、つらい日々があったのですが、当時ネガティブな話を言っていた人が、ありがとう、ありがとうと言ってくれたり、こういうことで今困っているとか、配達もしているのですが、その人の困りごとをいろいろな形で心を開いて言ってもらえるので、やっててよかったと思います。

役所時代にそれができたかというと、僕は割と現場を歩いていって地域に入っていくほうなので、人間関係も比較的できたほうなんですが、役所という看板をおろした方が入りやすくなったと思います。今は住民の困りごとを役所に情報提供をしているのですが、役所の人とだと、役所の人が住民に上から落としていく、というのと、住民側もどんな成果を出してきたんだと言う姿勢で来るので、なかなかコミュニケーションをとりづらかったのですが、今は日常の会話を通して関係づくりができていると思います。

高坂　私が住民と関わり始めたのが今の課に来てからで、前の課は住民と関わることがなくて、業務で住民向け講座を行うと言われたときに、説明会の雰囲気を想像していたので、こっちが喋って、終わって、住民から質問を受ける、みたいなのを想像しました。でもこの課は防災というテーマを基に、市がこうします、補助金が出ます、というのではなくて、各家庭で備蓄を用意してくださいとか、っていうできるレベルの話をするという講座を心がけています。でも住民の中には市が来るから「よし日頃の不満を言ってやろう」という人もいて、そうした人たちにどうやったら話を聞いてもらえるのだろうか、と、JaLoGoMaに行ったあと考えていました。講座に出向くとき、学校の授業をやるときに委託をしている地域の防災指導員というリーダーさんがそれぞれの地域にいます。

以前は市の職員と同じことをしてもらおうと、知識を与えて、職員と同じ啓発内容を伝えてくださいねなんて研修していたのですが、その人達に橋渡し役をしてもらおうと昨年からはじめました。知識を指導員さんにもたせるだけではなくて、地域側として参加をしてもらって、市の職員に対して地域の不満をうまく代弁してもらったりとか、住民がわーっと興奮したときにも、市はこういうことを言っているんだ、と緩衝材になってもらったりとか。森本さんがキャッチボールをするのに相手が必要だとおっしゃっていましたが、地域で適当に住民にボールを投げただけではだめで、橋渡しできる地域のリーダーを見極めるということを意識しながら、とりあえずその人に挨拶をしてから講座をはじめるようにしています。一番多いのは町内会の会長さんである場合なのですが、会長さんと市の職員が和やかに話をしているのを住民がみると、会長さんは住民の信頼を得ている人なので、じゃあ市の職員も信頼できるのかなということで、話題に和やかに入ることができる、ということが多いです。そういったところが講座に出ていて信頼関係の築き方について学んだことです。

川勝　お二人のお話を受けて先生の方から何かコメントはありますか。

西芝　お二人のお話を伺って、ポートランドでも同じようなことがあるなあと思いました。

これは行政の方によく言うのですが、面倒くさいかもしれない住民の方が実は大事な橋渡し役になるかもしれない。実はポートランドの住民の中には警察に反感を持っている人達もいて、何かというと警察を突き上げる警察反対派グループのような団体があるんですね。ところが、そのグループのひとたちは警察との接触が多くなるにつれて、だんだん警察が言ってることがわかる住民になっちゃって、警察反対派グループの代表が住民説明会などで警察の説明が上手く住民に伝わってなかったりすると、「いやいや、警察がこんなことを言っているのはね、こういう背景があるんだよ」と説明するようになったりした場面を見たことが有ります。ですので、行政はめんどくさいかもしれない住民も、大事な住民だと思って、ちゃんと巻き込むということも大事なんだと思います。

あと、森本さんが食べ物のお仕事をされているので、思いついたのが、ポートランドで住民が集まるときに、行政が気を配っているのは食べ物だということです。例えば、住民説明会なんかのときには、「このグループは中華系だからこの時期だと月餅を持っていったほうがいいよね」とか、「イスラム教の人が来るから、こういう食べ物がいいかな」とか、食べ物も大変重要です。

川勝　私自身も、パネルディスカッションを通じて、多くの学びがありました。少しだけ整理させて頂きたいと思います。そもそも今日登壇いただいているお二人は、まちづくり人材育成プログラムで、ポートランドをフィールドに住民主体のまちづくりを学ばれたわけですけれども、そこでのお二人の共通の気付きというのは、西芝先生のコメントにもありましたように、日本の当たり前は必ずしも当たり前ではないという発想やアイデアが養われるということです。私達は日本で暮らしていると、どうしてもこれが当たり前だというのが定着してしまいます。行政の方々ですと、行政の中での考え方や発想というのが定着してしまう。当たり前のことなんですけれども、それが実は当たり前ではないかもしれないということがあると常に頭のすみにおいておかなければいけないのかなというのが1つ。おそらくそれが、高坂さんが言及されていた、やりたい人がやりたいことをやるという、当たり前の主体性を生み出していくのではないでしょうか。

ただし、1人の力は限られていますので、多様な主体を巻き込んでいくということなしには、みんなが望むようなまちづくりは実現できない。多様性という観点は、SDGsを取り入れるまでもなく、とても大事なことだと思います。私も少しの間ですが、外国人として、あるいはマイノリティとしてアメリカで暮らしてみて、いろいろな気付きがありました。その人の立場、マイノリティの立場になってみないとわからないことがあります。それにいろんな考え方やアイデンティティを持った人と交わることで、自分だけでは発想できなかったようなアイデアが次々と生まれる、ある種のイノベーションが起こりうるという意味でも多様性は大事だと思いました。

西芝先生が強調されたように、どのような立場にあっても対等に話ができる、オープンマインドで話し合うということ。透明性という言葉を使われましたけれども、腹を割って話すということですよね、これもすごく大事なことだと思いました。ポートランドにはそういうオープンマインドで話し合える場所が数多くあります。私もよく行きましたけれども、ポートランドはパブが多いですよね。公共交通を利用される方が多いというのも、これまたそこで一種の公共空間が生まれる。その人達と何かのきっかけでコミュニケーションが生まれることもあります。これは先程森本さんから、日常会話の大切さ、あるいはそれ自体がハッピーな気持ちになる、そういう話も聞かせて頂いて、ますますその大切さを感じた次第です。

まちづくりのプロセスは大変さもあり、楽しさもありということになりますが、正解と言えるやり方はおそらくないでしょう。しかし、そのプロセスで関係者が互いに納得感が得られる話し合いができるということが最も大事なことではないでしょうか。

【コラム】

アメリカの大学専門職員「アカデミック・プロフェッショナル」から見る地域に根差した大学の役割

飯迫 八千代（ＣＰＳ国際プログラムコーディネーター）

私が職員として務めるポートランド州立大学（以下、ＰＳＵ）は、オレゴン州で最も大きな大学で、緑豊かなポートランド市ダウンタウンの南側にキャンパスが広がっています。市の人口は約65万人で、大学の生徒数は約２万８０００人、学部生の平均年齢は28歳と仕事をしながらでも通える都市型の大学として知られています。また、サービス・ラーニングやコミュニティ・ベースド・ラーニング（地域連携型教育）では、全米でもトップを争うほどの位置にあります。「知識をもって市に貢献せよ（Let Knowledge Serve the City）」が大学のモットーで、地域連携型教育を教えたい、学びたいと願う教員や職員、そして学生が集まる大学です。

私はその大学内にある大学と地域を結ぶ橋渡し役を担い、多数の人材教育プログラムや地域に根差したプロジェクト、コンサルティングを40年以上提供している「パブリックサービス実践・研究センター（以下、ＣＰＳ）」のアカデミック・プロフェッショナル（以下、ＡＰ）として働いています。ＡＰとは、大学内で専門職員として雇用される職種で異動はなく、ＰＳＵには約３００名が勤務しています。ＡＰの仕事は多岐にわたり、大学によっても異なりますが、ＰＳＵには約14種類のカテゴリーに分けられています。ＡＡＵＰ（American Association of University Professors 米国大学教授協会）という組合の方針の下、ＡＰ職種は定義・保護されています。私は行政学の修士学位を持ち、日米の市民参加の比較研究を行なってきましたので、その知識を活用しながら人材育成プログラムのコーディネーションをＡＰとして展開しています。

ＣＰＳが提供する人材育成プログラムは、大学内で考えられた理論だけを提唱するのではなく、それが実践においてどう役立つのか、現場から出たフィードバックを再び理論に戻し、理論と実践のバランスが取れる方針を中核としています。そのため、私が担当するプログラムも地域のパートナー（市役所で働く職員や議員、地域で活躍する草の根活動家、学生ボランティアや地元ビジネスの専門家など）と対話を重ね、そのフィードバックを基に教授と議論する事は日常茶飯事です。また、教授陣と地域のパートナーが同じテーブルで議論する場を設ける事もあれば、同じチームでプログラムのカリキュラムを考える事もあります。こうした一連の流れを手掛けることが、私の役割です。

様々なバックグラウンドを持った人達と同じ場でカリキュラムやプログラムの方向性を考えることは簡単ではありません。多様な意見が出る方向性をどう形にして行くのかは時間がかかりますし、リスクも小さくありません。しかし、そのプロセスから学ぶことは自分の成長にもなり、プログラムの参加者にとっての学びも多く、そして深くなることが、ＣＰＳでは40年かけた実績でわかっています。地域に根差した大学の役割とは、頭だけの知識や理論だけに留まらず、「共に学ぶ」空間を作りあげ、プロフェッショナルとして人材育成プログラムを当たり前に一方的に提供せず、実践しながら現場の意見を取り入れて常に作り変えて進化させていくということではないでしょうか。そういった文化がＣＰＳには根付いており、そういった空気感や文化を大事にするチームがいるというところが、ＡＰとして仕事をする楽しさにも繋がっているのかもしれません。

ＣＰＳチームメンバー（2018年度アニュアル晩餐会にて）

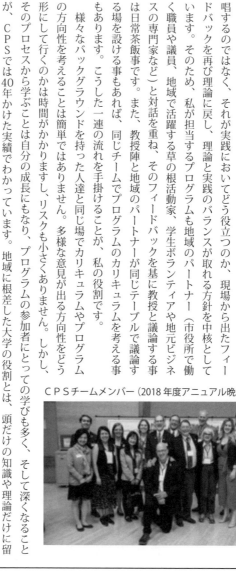

第二部

ポートランドと日本の地域から（事例編）

第3章　コミュニティガーデンにおける公民協働の取組み

―オレゴン州ポートランドを事例として―

石田　聖（長崎県立大学地域創造学部 講師
／ポートランド州立大学ＣＰＳシニアフェロー）

はじめに

ポートランドは豊かな自然に恵まれたまちで、環境に優しい都市づくり、公共交通にも力をいれており、先進的な都市計画の採用や、住民参加型のまちづくりが盛んなまちとして知られている。近年では、全米各地から注目を集めているだけではなく、日本でも関連書籍が刊行され、雑誌やテレビ番組で特集が組まれるなど注目度が高まっている。２０１５年には、全米で「最も住みよいまち」の第一位にも選ばれており、都市と自然との距離が近く、都市近郊の農業も盛んである。ポートランドは、人々が欲しいものを自分でつくり、生活をより豊かに楽しむＤＩＹ（Do it Yourself）志向が高いまちとしても知られている。ポートランドでは、家具、ビールやコーヒー、靴、自転車、アート、野菜もとにかく自分たちで作りだす人たちが多く、また、自分たちで創造したものを家族や友人、地域コミュニティで共有していくという傾向が強い。

また、ポートランドでは、人々の食に対する意識も高い。地産地消に関する取組みも盛んであり、市内各地ではファーマーズマーケットも賑わっている。オーガニックやローカルフードにこだわり、都市部でもオーガニック野菜を消費する傾向が高く、住民の間でも家庭菜園での小規模なオーガニック栽培や養鶏なども盛んである。こうした特徴は、まさにポートランドの象徴的なライフスタイルとなっている。筆者は２０１１年1月から一年間弱ポートランド州立大学に研究留学した経験があるが、以下では、当時の状況を振り返るとともに、これまでの現地調査に基づき、ポートランドで盛んなコミュニティガーデンにおける公民協働の事例を紹介する。

1　ポートランド市のコミュニティガーデン

人々の食への意識が高いポートランドでは、遊休地を活用し、地域内外の世代を超えた人が集い、農や食に関する様々な活動を行う農園が多い。このような農園は「コミュニティガーデン」と呼ばれ、米国内だけでなく世界各地に存在している。公園などの公共空間とコミュニティガーデンとの違いは、責任を持つ主体が自治体などの公共機関であるか、地域住民であるかという点にある。コミュニティガーデンは、住民が責任をもって管理する空間であり、その中で行政や専門家と協働しつつ地域の農園を作り上げていくというスタイルが一般的である。

オレゴン州ポートランドでも１９７０年代から、市の公園・レクリエーション局（Portland Parks & Recreation: ＰＰＲ）が支援を行う形で「ポートランドコミュニティガーデン（ＰＣＧ）」が展開されてきた。１９８５年には、市の支援を受け、住民による健康的な食品栽培やコミュニティ形成の支援を主な使命とする非営利組織「フレンズ・オブ・コミュニティガーデン（ＦＣＧ）」が組織された。以来30年以上にわたって、ポートランドでは産業構造の変化とともに大量に生じた遊休地・荒廃地を活用したコミュニティガーデンを開設する様々な取組みが進められ、２０１８年までに57のガーデンが整備されてきた。ほとんど全てのガーデンに水道が整備され、堆肥づくりの施設や物置小屋、耕作者同士がコミュニケーションを図るための空間も整備されている。

ＰＣＧは、住民自らの手で食と農を育むだけではなく、人々の憩いの場、環境教育やレクリエーションの場としても機能している。また、都市の成長・開発に伴う地域環境への影響に対する意識の高まりから、地域景観や生態系の保全、災害時の避難場所の確保など、住民にとって身近な公共空間としてのガーデンの存在の重要性も高まってきている。このように、ＰＣＧの運営は、地域コミュニティ形成の場となっている。

また、ＰＣＧにおいては、公正な社会づくりの観点が重視されている。ＰＰＲの公式ＨＰでも、「ポートランドのコミュニティガーデン、あるいは我々のサービスの利益へのアクセスにおいて、人種が有色人種・難民・移民コミュニティに悪影響を持つことはないという市全体のビジョンに取り組んでいる。（中略）平等・包摂・多様性はＰＰＲにとって必要不可欠なものである」というメッセージが掲げられている。[1] 公正性の確立に向け、コミュニティガーデンへのアクセスを確保する上で、人種間格差を是正する姿勢が重視されているのも特徴である。

2　コミュニティガーデンへのニーズの高まりと課題

ＰＣＧの多くは、市や非営利団体等が所有する土地を借り受け、地域住民、非営利組織等によって管理・運営されている。市のＰＰＲがプログラムを展開し、各種団体をサポートしながら、住民やボランティア、非営利組織による自主的な管理・運営を目指している。基本的に、ガーデンの管理は住民の手に委ねられているため、ガーデンごとで異なるユニークな設計がなされ、個性豊かな空間を創出している。ガーデン内で育てる野菜や花、農園デザイン、土壌改良、農具などが行政から指定されることはなく、地域の自主管理を基本としている。[2]例えば、バリアフリー環境が充実したガーデン、ソーラーパネルやパブリックアートが設置されたガーデンなど、そのデザインや趣向も多様である。中には、教会跡地を譲り受け、そこで収穫された野菜や果物を近隣の飲食店やファーマーズマーケットに出しているガーデンもある。さらに、貧困層向けのフードアクセス改善や健康増進を図る目的でオーガニック野菜を栽培・寄付しているガーデン、災害時備蓄用保存食になる食品栽培を推進するガーデン、近年増加する東南アジア系移民の多い地域では、彼らが好んで食すハーブ類の栽培を中心としたエスニックガーデン専用農園を整備するなど、その活動形態・目的は多様である。

コミュニティガーデンで野菜や果物を栽培する際には、ガーデン利用を希望する住民は、年間使用料金を支払い、ガーデニング用の分区園(plot)をレンタルする必要がある。[3] 分区園の取得後は、利用者は自分たちが栽培したいものを育てることが可能となる。

　しかしながら、とくに２０００年代以降、ポートランドでは、人々の健康志向、食の安全、オーガニックフードの自家栽培に対する関心の高まりから、ガーデンの利用希望者が急増し、分区園を借りる順番待ちリスト（ウェイティングリスト）は、一時１７００世帯を超えるまでとなった。[4] ＰＰＲが２００８年に公表した報告書[5]によれば、コミュニティガーデンへの需要の高まりに対して十分な土地が確保できておらず、住民に対するガーデニング機会の提供が限定的になっていることが課題として報告されていた。

　ＰＰＲはコミュニティガーデンを通じて、健康増進、気候変動問題への対応、コミュニティの参加などを長年にわたって推進してきたが、他方で、２００９年、市の計画及びサスティナビリティ局（Bureau of Planning & Sustainability: BPS）とポートランド市が属する広域政府であるマルトノマ・カウンティによって「気候行動計画（Climate Action Plan）」が策定された。その中で目標の一つが、緑化推進や低炭素社会の実現を目指し、２０１２年までに分区園をさらに１０００以上増設することが掲げられていた。[6] 地域からの需要の拡大に加え、ＰＣＧへの政策的ニーズも高まる一方で、住民がガーデニング活動に参加したいと思っていても用地の不足

写真１　ポートランドのコミュニティガーデン

出所：2018年９月４日筆者撮影

等が原因で十分なコミュニティガーデン活動へのアクセスが困難となっており、その改善には多くの資源調達や効率的な土地管理のあり方が課題となっていた。

4　コミュニティガーデンにおけるセクター横断的な協働

前述したように、２０００年代以降急増したウェイティングリスト問題や土地不足の解消、各種地域団体のガーデンに対するニーズや課題を把握し、今後の政策的な方向性や解決策を具体化するため、ＰＰＲは公民協働のプロセスに着手し始めるようになった。２００９年７月、当時のＰＰＲ局長を務めていたシティ・コミッショナー[7]のニック・フィッシュ氏は、事業の改善に向け主要な利害関係者や潜在的なパートナーを把握するため、公民協働のプロセスを仲介する中間支援組織として、ポートランド州立大学内に拠点を置くオレゴンソ・リューションズ（ＯＳ）に支援を要請した。ＯＳは州内の行政機関、企業、非営利組織、住民団体等の代表らを招集し、公民のセクターを超えた協働における合意形成をサポートする非営利組織で、２００１年に設立された。

ＯＳは、オレゴン州内の再生可能エネルギー事業、福祉政策、住宅開発、森林保護、治水事業、公共交通、土地利用など８０件以上のプロジェクトを手掛けており、これまでに支援したプロジェクトの約８割で関係者間での合意形成を達成している。プロジェクトの選定にあたっては、いくつかの基本理念があり、あらゆる地域課題が対象となるわけではない。その基本方針として、まず一部の主体の利益にしかつながらないものは支援対象とはならない。その上で、「経済・地域コミュニティ・環境」という3つの柱を軸としてセクター横断的な地域協働のプロセスを後押ししている。ＰＰＲが管轄するＰＣＧもＯＳによる支援を受けたプロジェクトの一つで、具体的には、【アセスメント（利害関係者・潜在的な資源の把握）→参加者間でのプロジェクト承認→ＯＳチームの結成→総合的な解決策の作成→協力宣言】という五段階のプロセスを踏んだ。

以下、その中でもとくに重要なプロセスについて紹介する。

①アセスメント

協働プロセスで最も重要とされたのが、事前段階として利害関係者（ステークホルダー）と利用可能な資源を把握するアセスメントの過程である。ＯＳのスタッフが、ＰＣＧ事業に関心の高い地域コミュニティや非営利組織の関係者、あるいは将来、事業を後押ししてくれる人材や組織、市内で利用可能な土地や財源を把握していった。ＰＰＲがＯＳに支援要請した背景には、市側にも官民を超えたマルチステークホルダープロセスのマネジメント経験やコミュニティガーデンの運営に精通した人材が不足していたこともあった。また、行政だけで把握が難しいニーズや遊休地などの資源が多かったため、ＯＳが中立的な立場から、今後の協働の基礎資料とするため、利害関係者や利用可能な土地・財源などの分析を支援した。ＯＳは、２００９年4月から約一ヵ月半かけて、都市農業、ガーデニング、食糧政策に精通する27名を対象に徹底的にヒアリング調査と各種報告書のレビュー等を実施した。この過程で明らかになったのは、市のＰＰＲも十分に把握していなかった取組みも含め、多くの非営利組織やボランティア団体、教会、学校等で自家農園栽培が展開されていたこと。コミュニティガーデン活動に対する意欲が非常に高い一方で、地域における財源や専門人材の不足、コミュニティガーデン立地の地域間格差などが明らかになっていった。

②ＯＳチームの形成

アセスメントの結果を受けて、ＯＳは既存のＰＣＧを効率化し、市全体のコミュニティガーデンシステムと各主体間のネットワークを強化するには、行政と多様な関係者との間での話し合いと調整の場が必要と判断した。２００９年10月、アセスメント過程で明らかになったガーデニングや食糧生産にかかわる地元企業や貧困層向けにサービスを提供する非営利組織の代表者など、主要な30団体の代表者が招集され、熟議を重ね解決策を作成するチーム（OS Team）が組織された。最終的に、代表者の代理や関係者も含め最大42名が話し合いに参加し、その成果は代表者の所属する組織や関係地域への情報共有がなされていった。

会議を重ねる中で、全体目標は、「ポートランド市におけるコミュニティガーデン活動の機会を向上するための手法を検討すること」「急増する住民の需要を満足させつつ、環境保全、食の安全などに対する住民の関心を把握すること」となった。これらに基づき、ＯＳチームは、次の３つの戦略目標を明らかにした。①食品栽培やコミュニティガーデン活動を支援するための組織構造を明らかにすること。②ガーデンや食品栽培に対する現在および将来の需要を満足させること。③ＰＣＧを支援・強化するための資源を明らかにすること、の三点である。以上の重点領域に基づいて、ＯＳチームは、各自の専門分野や関心領域ごとに、さらに３つのワーキンググループを組織した。一つ目は、効率的かつ持続可能なガーデニング活動を管理するための組織モデルを検討する「組織構造（Organizational Structure）」チーム。二つ目は、ＰＣＧに既にかかわっている、あるいは将来参加意欲のある地域のニーズを特定する「デマンド（Demand）」チーム。三つ目は、事業改善に向けて必要な資金調達や人材育成を検討する「リソース（Resource）」チームである。

③総合的な解決策の作成

ＯＳのスタッフがファシリテーター役となり、ＯＳチームと３つのワーキンググループを通じて議論を重ね、全体の基本合意が得られるまで話し合いが継続して行われた。ＰＣＧの例では、最終的な合意文書に相当する「協力宣言（Declaration of Cooperation）」の署名までに、公民セクターを超えた各団体の代表者が1年余りにわたる議論を重ね、具体的な合意を形成していった。

たとえば、ＰＰＲは「２０１１年末までに１５０の分区園を増設する」、非営利組織のオレゴンフードバンクは「年10回の無料ワークショップを開催する」、民間企業のインデペンデンス・ガーデンは「コミュニティガーデン活動を支援している非営利組織に対して寄付活動を行ったクライアントに対しては、ガーデンのデザイン等サービス料金に対して10％ディスカウントを実施する」など、「いつまでに、何を、どのように実行するか」など、ＰＣＧの改善を図る上で、各参加主体の役割と今後に向けた解決策（solutions）が明示されていった。

また当時、事業改善を目指す上で大きな懸案となっていたのが、ＰＣＧに対する市の予算配分への不満であった。ＯＳは中立的な支援者であり、市の予算決定に直接介入できる立場にはないため、協働プロセスの参加者からの不満と市との板挟みの間で複雑な立場にあった。しかし、こうした協働の場を通じて市の予算的制約やＰＣＧへのニーズ等について、これまで以上に多くの参加主体の間で共通認識が生まれたことは、官民を超え多様な参加者を一つの場に招集した成果となった。

写真2　コミュニティガーデンのOSチーム

出所:OSより提供

　ＯＳチーム会議を通じて、以前よりも現場で活動する多様な主体とのやりとりから新たな情報・知見を獲得したＰＰＲは、ポートランド市内で数多くの非営利組織・住民団体がコミュニティガーデン用地の拡大、ガーデン立地の地域間格差改善などアクセス改善を望んでいる現状について市議会で報告を行った。その後、即座に変化があったわけではないが、２０１１年10月に行われた市議会での投票の結果、２０１２年度以降のＰＣＧ事業に対して百万ドルの追加予算が決定した。以降も毎年変動はあるもののＰＣＧへの一定の予算措置は継続している。２０１０～１８年にかけては、主に貧困層向けにガーデニング活動の支援を行っている非営利組織のグロウ・ポートランドと連携し、以前はガーデンが少なく、他地域と比べて低所得層のコミュニティが多い市内東部にもガーデンが開設され、ＰＣＧへのアクセス改善が図られている。

　ガーデンの増加によって、ウェイティングリストの完全な解消が図られたわけではないが、プロセス開始前の2009年は、市内のコミュニティガーデン数は43件であったが、2019年3月時点で57件まで増加しており、以前よりも順番待ちの状況は緩和されていった。PCGでは、中間支援組織を介した協働プロセスを通じ、これまで一堂に会することのなかった多様な主体が熟議を重ね、相互に利用可能な資源を発見しながら、改善に向け合意形成を図ることができた。

話し合いを重ねるにつれ、一部参加者が特定の団体に抱いていた先入観が払しょくされ、参加者同士の相互理解や関係改善につながったケースもあった。こうした協働の場を介して、コミュニティガーデンという共通の関心を持ちながらも、以前は全く面識がなかった個人・組織との「偶然の出会い」から、協力宣言後もメンバー間で新たなプロジェクトが派生したり、各コミュニティガーデンを超えて野菜栽培や水質管理のノウハウ等を相互に学びあう機会も増えていった。

おわりに

ポートランドのコミュニティガーデンは、公共空間の利用、健康増進、社会的公正の実現、暮らしやすさの創出など様々な要素とかかわっている。持続可能な地域づくりを実現するための主体の形成（キャパシティの構築）が重要になってくる。その過程では、従来の行政主導による委員会のように予め参加者（専門家、住民の代表など）が決められているわけではなく、まず地域の中で「誰がその問題に関心やニーズを持っているのか?」「事業の改善に向け誰が参加する必要があるのか?」をしっかりと把握した上で効果的な話し合いの場が築かれてきた。

ＰＣＧの事例でも、包摂的かつ持続可能な管理に至るまでには、多様な主体間での対等な話し合いや合意形成のプロセスが重視されている。これらを促すために、ガーデン活動に実際に従事する団体とは異なるＯＳのような中間支援組織が地域資源や関係者の分析を担い、多様な主体間の協働を促してきた点が特徴的である。ひとくちに「協働」といっても、それぞれの主体が異なる価値観や解釈を持っている。そこでは多様な主体間での共通の目標や認識を合わせることにつながる中間支援を介した協働の場が、ポートランドにおける持続可能な地域づくりに一役買ってきたといえるだろう。

〈注〉

1　Portland Parks & Recreation Website: https://www.portlandoregon.gov/parks/39846

2　基本的には地域住民の自主管理が主体であるが、多額の資金や高度な専門性が求められる用地取得、水質及び土壌検査、廃棄物回収などは、ＰＰＲによって支援される場合がある。

3　一つの分区園（plot）は、平均して1.5～2畳分ほどの大きさである。面積によって料金は異なるが、希望者は面積に応じて年間約20～220ドルのレンタル料を払うことで利用できる。ただし、ガーデンの中には、フードバンクやファーマーズマーケットへの寄付など特定目的のために利用されるガーデン用地も存在し、個人や企業、または慈善団体等が住民に代わって、区画利用の費用を負担しているケースもある。

4　ＰＰＲによれば、２０１１年2月時点で、この順番待ちは一件あたり2～3年待ちとされ、最も需要が高かったガーデンでは最長8年間の順番待ちというケースもあった。

5　Portland Parks & Recreation (2008) : Community Gardens Technical Paper, June 2008.

6　ＢＰＳとマルトノマ・カウンティによって策定された気候行動計画は、市とカウンティのフードシステムの統合を図るだけではなく、気候変動対応に向け、２０３０年までに約30㎞相当の樹木や果樹を植樹することで緑化を進める事業であった。同計画では、温暖化対策や都市の緑化を拡大する機会として、コミュニティガーデンの活用を含む都市農業 (Urban Agriculture) の推進を明示している。

7　ポートランド市は、全米唯一の「コミッショナー制度」を採用している。５人のコミッショナーが選挙で選ばれ一人が市長を兼任する。各コミッショナーは交通や予算、住宅や公園など行政部局の担当が決まっており、その長を兼任する。イメージとしては日本の議院内閣制に近い。

〈参考文献〉

スティーブ・ジョンソン著、新川達郎・齋藤文彦・的場信敬監訳 (2011)「ポートランドにおける持続可能性政策とプログラム」齋藤文彦・白石克孝・新川達郎編『持続可能な地域実現と協働型ガバナンス―日米英の事例比較を通じて』日本評論社、45-75 頁。

City of Portland & Multnomah County (2009)Climate Action Plan 2009. Portland Bureau of Planning & Sustainability

Lyson, T. A. (2004) Civic Agriculture: Reconnecting Farm, Food, and Community, University Press of New England

Oregon Solutions (2010) Community Gardening: Expanding Opportunities for Portlander to Grow Healthy Food. (Declaration of Cooperation, June 2, 2010)

Portland Parks & Recreation (2011) Portland Community Gardens Initiative, February 2011.

第4章　外国にルーツを持つ子ども・若者の支援を起点にした多文化共生の地域づくり

―島根県出雲市の取組み―

鈴木　暁子（京都府立大学京都地域未来創造センターコーディネーター）

はじめに

日本で暮らす外国人、就労する外国人の数が過去最高を更新している。それに伴い、外国人を一時的な働き手としてだけでなく、ともに生きる住民として位置付け、「多文化」化する状況を活かして地域づくりをめざす動きが各地で広がっている。

そのひとつが本稿で紹介する島根県出雲市である。本章では、同市を事例として、地域づくりの視点から、外国にルーツを持つ子どもや若者の成長を支える活動の変遷を整理してみたい[1]。

1　出雲市における外国人住民の居住状況

出雲市は人口約17万人、日本海に面する山陰地方の中心都市である。市の西側には、縁結びの神様として知られる出雲大社があり、古くからの環日本海交流によって文化的資源も豊富で、山陰地方屈指の観光地としても名高い。また、地理的条件にも恵まれ、出雲空港や山陰自動車道などの交通網の利便性を活かして、山陰最大の製造業の集積地でもある。

その出雲市が近年、多文化共生の地域づくりを実践する地域として脚光を浴びている。その理由は、日系ブラジル人をはじめとする外国人住民の増加によって、２０１８年度に同市が島根県内の自治体で唯一、人口が増加した自治体だからである。地域での多文化共生という命題が人口減少に対応する地方創生施策として再定義され、持続可能な地域づくりの「新たな」実践として注目を集めている。

表1は、出雲市における外国人住民の推移を示したものである。出雲市の２０１９年11月末現在の外国人住民の数は４５２０人、出雲市全人口に占める外国人比率は2.6％である。国籍別人口ではブラジルが最も多く３０９８人（外国人住民に占める割合68・9％）、続いてベトナムが３８３人（同8.4％）、中国が３３２人（同7.3％）、フィリピンが２０７人（同4.5％）となっている。中でもベトナム人がこの5年間に急増しているのは、技能実習生として来日したことがその背景にあると考えられる。フィリピン人は、日本人男性と国際結婚した女性も多く、シングルマザーとして

子どもを育ながら働く住民もいる。その他の外国人には、同市にある島根大学医学部に在籍する留学生とその家族も含まれている。

在留資格別では、就労に制限がない「定住者」、「永住者」、「特別永住者等」で全体の7割を占め、日本全体の平均である4割と比較して高い傾向にあり、定住、永住傾向の外国人住民が多いことも同市の特徴である（出雲市2019：17）。

外国人人口の約7割を占めるブラジル人住民の多くは、同市最大の事業所である出雲村田製作所で、人材サービス会社を介して働いている。[2] 同社の主力製品は自動車の自動運転やスマートフォンに使われるセラミックコンデンサである。ブラジル人住民人口は、1990年代から増加し、その人数は2008年のリーマンショックで半減したものの増加に転じている。前掲の表1から、2019年11月末の人数は約3000人で、4年前に比べると2倍に急増していることがわかる。人材サービス会社幹部へのインタビューよれば、直近では東アジア情勢の影響による工場の減産によって一時的に人数は減少しているものの、2020年春からは再び増加する見込みであるという。[3]

表1　出雲市における外国人住民の推移（2006年～2019年）

年度	出雲市人口総合計	外国人住民総数	前年比増減	外国人住民の割合	ブラジル	中国	朝鮮	韓国	フィリピン	ベトナム	その他
2006年3月末	176,801	1,818		1.0%	740	584					494
2007年3月末	176,788	2,157	339	1.2%	1,089	606					462
2009年3月末	175,583	1,685	-604	1.0%	642	620					423
2011年3月末	175,441	2,016	-58	1.1%	1,040	554					422
2013年3月末	174,702	1,828	21	1.0%	901	479	31	142	163	15	97
2015年3月末	174,538	2,440	471	1.4%	1,488	409	31	135	173	77	127
2017年3月末	174,724	3,126	227	1.8%	2,064	338	23	139	174	141	247
2018年3月末	175,220	4,001	875	2.3%	2,862	301	22	132	178	223	283
2019年3月末	175,593	4,908	907	2.8%	3,522	323	22	132	245	344	320
2019年11月末	175,235	4,520	-388	2.6%	3,098	332	23	131	207	383	346

出所：出雲市資料を基に著者作成
※ 2011年に合併した斐川町分を含む。空白欄は旧斐川町での統計欠損（2006年～2011年）

このように世界的な景気の動向によって人口の増減はあるものの、ブラジル人住民をはじめとする外国人住民は増えつつある。またそのプロセスでは、家族をつくり、子どもを産み育て、住宅を購入するなどして、定住するようになっている。結果として、クローズアップされるようになってきたのが、外国にルーツを持つ子どもや若者の教育に関わる課題である。

2 出雲市での学校教育の現状と課題
—日本語指導が必要な児童生徒の急増—

出雲市の学校教育の現場では、外国にルーツを持つ子どもはどれくらいいるのであろうか。図1は、出雲市内小中学校における日本語指導が必要な児童及び生徒の推移を示したものである。

この図から、出雲市で日本語指導が必要な児童及び生徒の人数は、２０１１年から２０１９年までの８年間で、24人から１６８人と、約7倍に増加していることがわかる。[4] 特に直近の4年間は、２０１５年の９５人から２０１９年の１６８人と約2倍になっている。

教育委員会へのヒアリングによれば、児童及び生徒の母語別では、ブラジル人住民の母語であるポルトガル語は、１６８人中の

図１　出雲市内小中学校における日本語指導が必要な児童及び生徒の数（2011～2019）

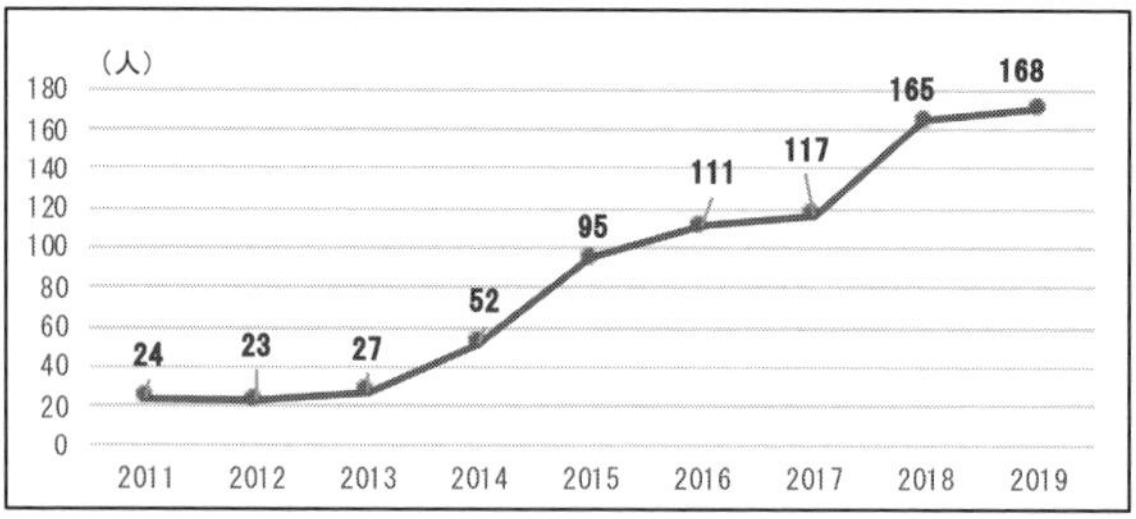

出所：出雲市教育委員会提供資料より著者作成

154人であり全体の9割を占める。その他、日本語・タカログ語・中国語・インドネシア語で1割となっている。[5] このように少数ではあるが、ポルトガル語以外の言語を母語とする児童や生徒もいるため、その対応が課題となっている。

また日本語指導が必要な児童生徒のうち、約40%が日本語学習を始める初期の段階（6段階のうち、0、1、2の割合）であるため、学校での日本語学習や教科学習よりも以前に、日本の学校システムや学習ルール（あいさつ、クラス運営や給食や掃除、学校行事など）を知る機会が求められている（鈴木 2019）。

こうした児童や生徒の急増に対して、島根県と出雲市教育委員会では、学校で特別な支援を行う教員を追加的に配置している。また、市が独自に日本語指導補助員や通訳・翻訳支援員も配置している。2019年4月からは、在籍校へ通学する前に一か所で20日間集中的に学ぶ「日本語初期集中指導教室」を出雲科学館内に開設するなど、就学初期の受入の体制が整備されつつある。

3　出雲市での外国にルーツを持つ子ども・若者の成長を支える取組みの概要

しかしながら、外国にルーツを持つ子ども・若者の成長を支える取組みは、学校現場における日本語指導だけで事足りるわけではない。母語習得の支援、生活の相談、不登校、未就学、中途退学、キャリア形成など、発達過程における様々な相談に対応できる体制が求められる。さらには日本語能力が十分でない保護者とのコミュニケーション、保護者の雇用といった子どもを取り巻く環境への働きかけや、福祉部門との連携など包括的な取組みが求められる。しかし全国的に見ても、行政の取組みは不足しており、地域間の取組みの濃淡も大きい。

こうした状況に対して、各地では地域住民、元学校教員、ボランティアグループ、学生などが、日本語教室や学習支援などの活動を立ち上げ、外国にルーツを持つ子ども・若者の成長を支える取組みを行っている。出雲市でも、地元住民の有志が学習支援や居場所づくり、多文化共生の地域づくりをめざした取組みを行っている。本節では、この取組みをけん引する地元のNPO法人の活動を紹介する。

(1)NPO法人エスペランサの立ち上げ(2010年〜)

民間非営利の立場から、出雲市で外国にルーツを持つ子ども・若者を支える取組みに中心的な役割を果たしてきたのが特定非営利活動法人エスペランサ(以下、エスペランサ)である。エスペランサは、多文化共生の活動や、国際交流や異文化理解、まちづくりも行うユニークな団体である。

エスペランサの団体設立のきっかけは、2008年のリーマンショックである。市内の工場の生産停止や閉鎖によって出雲市ではブラジル人人口が半減したが、帰国せずに留まったブラジル人も多く、再就職など生活面での課題を抱えることとなった。状況を心配した行政職員や海外滞在経験のある住民など数名が集まり、2009年ごろからブラジル人への生活支援や就労支援に取り組み始めた。

活動の中心的メンバーのひとりが、エスペランサの理事で事業担当者の堀西雅亮氏である。同氏は2007年に出雲市に引っ越す以前は、関西で日本語学校の日本語教師や技能実習生の受け入れ（監理）団体でコーディネーターとして働き、多文化共生に関わる市民活動にも関わった経歴もある。そのため、同氏は早くから外国人住民が地域で孤立しないための交流の場や、外国人を迎え入れる側である職場や地域住民の意識を変える重要性に気づき、市役所をしばしば訪れては、多文化共生に取り組む必要性を「ささやいて」いたという。[6] つまり堀西氏は、地域からボトムアップで社会規範の変容を見据える活動を構想していたのである。

（2）外国にルーツを持つ子ども・若者を支える支援活動の開始（2014年〜）

エスペランサがまず始めたのは、メンバーのひとりがスーパーの空き店舗対策として提案したブラジル料理店の経営を通じた場づくりである。2010年2月にブラジル人夫婦が経営しているブラジル料理店「サボローゾ」の支援を始めた。同年6月にはエスペランサ自らが経営を行う方針に変更し、政府の緊急雇用対策事業を活用してブラジル人住民を複数雇用した。料理店は結果として、入居していたスーパーの閉鎖や財政的事情によってオープンから1年半で閉店を余儀なくされたが、開店時はブラジル人に対する情報提供や生活相談の拠点として賑わい、この経験はエスペランサの後の活動を方向づけるものとなった。

ブラジル料理店の経営や宅配事業を通じてブラジル人住民と接点ができたことで、エスペランサには、ブラジル人住民の保護者から、学校での困りごとの相談、子どもの母語であるポルトガル語を引き継いでいきたいという要望、子どもの宿題を手伝ったり、勉強を教えてくれる場所が欲しいという声が寄せられるようになった。そこで、エスペランサは保育士や学校教員に声をかけて「異文化での子育て」についての学習会を始めた。そして、ブラジル人住民の運営による「ポルトガル語母語教室」（週1回）や「就学前プレスクール（小学校・中学校就学前の日本語学習）」（年度末に5日間）をコミュニティセンター等で始めた。２０１４年度の母語教室には半年間で延べ87名が参加し、子どもが母語を学べる場所として評判になり、子どもや保護者が相談できる場所としても知られるようになった。地元紙やメディアでも取り上げられるようになり、地域でも外国人住民の存在が知られるようになっていった。

地域で関心を持つ住民に呼びかけて、さまざまな取組みを始め、小規模ながらも継続してきたことが人材サービス会社[7]や自治体からの関心を引くことになり、後述する「いずも多文化子どもプロジェクト」の基盤となったのである。

（3）ＮＰＯ、行政、人材サービス会社の連携による「いずも多文化子どもプロジェクト」の開始（２０１５年～）

「いずも多文化子どもプロジェクト（以下、プロジェクト）」とは、外国ルーツの子ども・若者の成長を地域で支えることを目的に始まった事業である。

プロジェクトのミッションは、①主役は子どもである、②外国にルーツを持つ子どもたちは決して「イレギュラーな」存在ではない、③外国にルーツを持つ子どもたちは「いつまでも」支援される存在ではない、の3点で構成されている。子どもや若者を中心に据えるというプロジェクトの理念がわかりやすい言葉で書かれており、理解しやすく、関心を引きやすい内容となっている。

このプロジェクトは、２０１５年４月からエスペランサ、ブラジル人を雇用する人材サービス会社２社、出雲市教育委員会との３つのセクターによる連携事業として始まった。プロジェクトの事務局は、人材サービス会社２社からエスペランサに派遣された日系ブラジル人職員２名とエスペランサ職員２名のわずか４名であったが、ポルトガル語と日本語が堪能な日系ブラジル人職員が加わったことでブラジル人住民からの信頼も得られるようになった。

具体的な事業は、２つの柱からなる。１つ目は、小中学校への多文化サポーターの派遣[8]である。エスペランサの日系ブラジル人職員が学校に派遣され、学習時の入り込み支援、授業以外の生活場面（休憩時間、給食、掃除等）での支援、ブラジル人の保護者とのやりとりの支援、学校文書の通訳翻訳の支援を行うものである。学校現場での支援にＮＰＯや人材サービス会社が関わる全国でも珍しい取組みである。

２つ目は、外国ルーツの子ども・若者の成長を支える居場所づくりである。週に１回は、市内の２校を借りて、放課後の学習支援（「にこにこひろば」及び「わくわくひろば」）が開催されるようになった。その目的は、地域での受け皿づくりである。外国にルーツを持つ子どもや若者にとって、学校や家庭とは違う第三の場での他者との交流は、自身が社会に影響を与えることができるという自己効力感、他者や社会に対する信頼感を育むことにつながる。とりわけ、社会経済的に厳しい環境に置かれている外国にルーツを持つ子どもや若者にとって、こうした場の存在は日々の生活の中で受ける困難や差別などの経験を中和する場となる可能性もある（古田 2015）。

また2か月に1回程度、遠足や料理教室、スポーツ、夏休みの多文化サマーキャンプといった体験活動が企画されるなど、活動を通じて子どもや若者が地域社会に関心を持ち、参画するきっかけがつくられている。こうした企画は、日本の小中学校の学齢期（15歳まで）を超えて転入してきたユース層が集う場が欲しいという保護者や本人からの要望に応えて始まり、就学前の子どもから10代後半のユース層まで幅広い年齢層が参加している。そのせいか最近は、外国にルーツをもつ子どもや若者も地域のお祭りにも参加するようになっているという。こうした活動は、できる限り地域のコミュニティセンター（旧公民館）や自治協会（地域運営組織）、地区社会福祉協議会などに声をかけて共催されるなど、関係機関のなかで外国にルーツをもつ子どもや若者の存在を知られるように工夫されている。

写真1　学習支援の様子

出所：いずも多文化子どもプロジェクト Facebook

以上のようなプロジェクトは、様々な関係者が集まって、自由にアイデアを出し合い、相互作用によって新しい取組みを生み出すプラットフォームにもなっている。こうして、地域で外国にルーツを持つ子ども・若者の成長を包括的に支えるための受け皿が形成されていったのである。

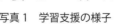

（4）多文化共生の地域づくりへの広がり（２０１７年〜）

２０１７年度からは、いずれも多文化子どもプロジェクトの枠組みとは別に、多文化共生の地域づくりの視点からの連携・協働事業が本格化しつつある。１つ目は、地域活動の活性化を目的とした、出雲市役所からエスペランサへの委託事業である。具体的には、多言語マップの作成や、地域活動の通訳翻訳支援などである。この委託事業によって、地域住民側の関心を呼び起こし、エスペランサとこれまであまり接点がなかったコミュニティセンターや自治協会など、地縁型の組織との接点が生まれている。例えば、地域住民から町内会や自治会の活動に外国人住民の参加を促すにはどうしたらよいのか、地域のイベントにブラジル料理のキッチンカーを呼べないかなどの相談がエスペランサに持ち込まれるようになっている。２つ目は、次世代育成のための教育活動である。エスペランサでは、市内高校からのボランティア受け入れや小中学校から多文化理解講座へゲストスピーカーとして招かれるなど、若い層を対象にした多文化共生の視点からの教育活動も活発化している。[9]

他方、地域でのこうした実践に応答するかたちで行政施策も進展しつつある。学校教育の分野では、学校への日本語指導員、補助員、通訳・翻訳支援員の増員（２０１４年〜）、ポルトガル語通訳を配置した放課後子ども教室（週4回、市内小学校1か所）（２０１８年〜）や出雲市日本語初期集中指導教室（20日間）の開設（２０１９年〜）など、矢継ぎ早に実施されており、今後の動向が注目される。[10]

おわりに

以上から、出雲市における多文化共生の地域づくりの実践プロセスは、次のように整理できよう。まずすべてのきっかけとなったのは、地元ＮＰＯによる外国にルーツを持つ子どもや若者の教育支援である。そして、それが地域社会での外国にルーツを持つ子どもや若者の居場所づくりへ展開されたことが地域住民の意識を変え、多文化共生の地域づくりへと広がっていったのである。近年、活発化しつつある出雲市の各種施策もそうした動きに呼応するかたちで進展をもたらしたのである。

この実践の特徴をひとつ上げるとすれば、連携・協働志向ということになろう。しかし、連携・協働は、団体が集まれば自動的に成立するわけではない。出雲での実践が地域に広がっていった要因には、エスペランサが中心となって行ってきた関係づくりの積み重ねがある。エスペランサはこの９年間に行政、地域コミュニティ、人材サービス会社、外国人住民をつなぎながら、個別の課題を解決するとともに、外国ルーツの子どもや若者の成長を支えるための地域の基盤となる「場」をつくってきた。そのプロセスでは、異なるセクター間の連携によって単に課題解決の選択肢が増えただけでなく、実践が多層的に積み上がり、関わる人や組織が芋づる式に増えていった点は注目に値する。出雲では「外国にルーツを持つ子ども・若者の成長を支える共生の地域づくり」という共通の価値が共有され、いままで外国人住民には関心が薄かった幅広い住民を巻き込みつつある。

ＮＰＯなどの市民団体は変革性を強めるために戦略性を強めることも多いが、特定の問題関心で動機づけられる専門家集団となっていくと特定の問題を深堀するあまり、多様な人々を巻き込もうとする包括的なスタイルは取りづらくなることもある（川中 2018）。エスペランサは、そうしたアプロローチとは一線を画し、時間はかかっても、日常の生活圏での関係をつくり、関係性を網の目のように張り巡らせて、より多くの人を包摂する社会をめざしていると考えられる。

一方で、関係づくりを重視した実践には課題もある。関係づくりは常に誰かが注意を払って調整や管理をしていないとすぐに硬直化し、うまくいかなくなってしまうことが少なくない。多文化共生の地域づくりには、そうした調整する役割の重要性や価値を共有することが求められよう。

さらに、地域づくりに広がってきたゆえの課題もある。それは、地域づくりの側面がクローズアップされていくと、法的地位がぜい弱である外国人の権利保障という視点が見過ごされがちになるということである。こうした局面で参考になるのは、ＳＤＧｓの「誰ひとり取り残さない」という理念である。人間が尊厳を持って生きるためのあるべき状態と現状とのギャップは何なのか、行政施策へのアクセスの確保など公平性は担保されているのか、ＳＤＧｓの俯瞰的な視点から捉え直してみることも一案である。そうすることで、ひとりの人間が地域で暮らすという当たり前のことに立ち返ることができ、多文化共生の視点からの地域づくりの展望が広がっていくのではないだろうか。

〈謝辞〉

本章は鈴木（2019）の論文を基に再構成をして、関係者にヒアリングを行ったものである。ヒアリングに応じていただいた、堀西雅亮氏（松林山真宗寺住職、ＮＰＯ法人エスペランサ理事）、出雲市教育委員会学校教育課、出雲市役所の関係部署の皆様、人材サービス会社二社（(株)アバンセコーポレーション、(株)フジアルテ））の幹部や社員の皆様に改めて感謝を申し上げます。

〈注〉

1 「外国にルーツを持つ子ども」の定義は研究者、支援者によって多様であるが、日本語教育や子どもの支援に関わる関係者で頻繁に用いられる呼称である。一般的には、国籍だけでなく、言語学的視点やバックグラウンドをも含んだ考え方であり、「外国籍の子ども」に加えて、「外国出身の保護者と暮らす子ども」「日本国籍（二重国籍も含む）の子ども」「無国籍の子ども」「国外で生まれて日本語を第一言語としない子ども」などが含まれる。

2 村田製作所はセラミックコンデンサのシェア世界一を占め、その約40％は出雲村田製作所で生産されている。同社のホームページによると、出雲村田製作所の正社員数は２０１９年４月１日現在で４１７０人である。ブラジル人はこれとは別に工場での業務を請け負う人材サービス会社の社員として働いており、その数は、人材サービス会社二社（(株)アバンセコーポレーション・フジアルテ(株)）で合わせて３０００人程度である（２０１８年８月７日に筆者が人材サービス会社幹部で行ったインタビューによる）。

3 ２０１９年12月18日に筆者が出雲市の人材サービス会社幹部に行ったインタビューによる。

4 日本語指導が必要な児童及び生徒の数は、各学校が「日本語指導が必要」と判断した人数であり、実際には、日本語指導が必要と判断されないが外国にルーツを持つ児童生徒も在籍している。そのため、外国にルーツを持つ児童生徒の数はさらに多いと考えられる。

5 出雲市教育委員会へのヒアリング提供資料より（ヒアリング日時：２０１９年12月18日）

6 ２０１９年12月17日に筆者が出雲市で行った出雲市職員へのヒアリング調査に基づく。堀西氏は出雲市内の浄土真宗の寺院の住職でもあることから、疎外や排除を防ぐ社会的包摂を追求する宗教者としての思想も影響していると思われる。

7　業務請負業を営む人材サービス会社二社（（株）アバンセコーポレーション、（株）フジアルテ）は、日系ブラジル人を多く雇用する国内大手であり、自社事業でも社員向けの日本語学習や生活支援を実施している。子どもの教育支援に関しては、地域コミュニティでの受け皿づくりを考えていた（2018年8月9日に筆者が（株）アバンセコーポレーション経営者に行ったインタビューによる）。

8　2020年2月現在では、出雲市教育委員会で雇用する通訳・翻訳支援員が確保できない場合のみ、多文化サポーターは市内小中学校へ派遣されている。

9　2019年4月には、出雲市の民間の専門学校で、外国ルーツの若者を対象にした日本語習得コースや介護進学準備コースが開設され、外国にルーツを持つ若者のキャリア形成への取組みも生まれている。

10　出雲市役所でも、政策企画課文化国際室の担当者（当時）が地域での活動に積極的に足を運び、ブラジル人住民をはじめとした外国人住民のニーズと地域事情を把握し、出雲市らしい多文化共生事業を模索するようになっていった。地方創生の政策が始まったこともあり、2015年、全国の自治体で初めて外国人の定住促進を明示した出雲市の政策（「出雲市まち・ひと・しごと創生人口ビジョン及び総合戦略」）や、2016年の「出雲市多文化共生推進プラン」の策定、2017年の企業版のふるさと納税である地域再生計画「出雲市多文化共生推進プロジェクト」が策定され人口減少に対応した多文化共生の地域づくりを進めるための市役所内での環境が整備されていった。

〈参考文献〉


荒巻重人編著（2017）『外国人の子ども白書―権利・貧困・教育・文化・国籍と共生の視点から―』明石書店。

出雲市（2019）『出雲市第二次まち・ひと・しごと創生人口ビジョン・総合戦略「げんき、やさしさ、しあわせあふれる縁結びのまち 出雲」をめざして（案）』令和元年9月。

近藤敦（2017）「日本における多文化家族支援政策のあり方―日韓欧米諸国の比較―」『多文化共生研究年報』（14）、1-12頁。

京都地域未来創造センター（2017）『現場から見た「子どもの貧困」対策―行政・地域・学校の現場から―』公人の友社。

鈴木暁子（2019）「外国にルーツを持つ子どもの支援に関わるアクター間のネットワーク型ガバナンスの研究：島根県

出雲市を事例として」『同志社政策科学院生論集』8、29-42頁。

川中大輔（2018）「「市民による社会貢献」と社会的企業―自発的社会福祉の先駆性の発揮に向けて」村井隆治・長上深雪・筒井のり子編著『現代社会における「福祉」の存在意義を問う』ミネルヴァ書房、106-131頁。

古田雄一（2015）「アメリカの貧困地域における子どもの市民性形成をめぐる環境的課題：学校・地域におけるシティズンシップ教育の機会格差と隠れたカリキュラム」『学校経営学論集』（3）、12-20頁。

第5章　共鳴化とマルチパートナーシップによる集合団地の再生

―京都府八幡市の男山団地再編の試み―

梅原　豊（京都府立大学公共政策学部准教授）

はじめに

２０１９年10月29日（火）の京都新聞において、京都府八幡市の男山団地のエレベーターのない棟で、関西大学の学生が階段を使って高齢者の住民の大型ゴミを階段で運び出す写真入りの記事「大型ごみ搬出、関大生が汗」が掲載された。これは一過性のボランティア活動ではなく、「男山団地再編プロジェクト」（以下、再編プロジェクト）として、10年近く前から始められた取組みの1つである。

本章では、その再編プロジェクトの始まりと広がりについて紹介するとともに、それが持つパートナーシップの意味と持続可能性について考察していきたい。

1　再編プロジェクトのスタートと変遷

（1）ことの発端

八幡市は京都府の南西部、木津川と宇治川、桂川の三つの川が合流して淀川となる地点に位置し、面積は24・35㎢、人口は2019年6月現在、約7万人である。同市は石清水八幡宮の鳥居前町として発展し、発明家のトーマス・エジソンが八幡市の竹を使用し、世界で初めて白熱電球を発明したことでも有名である。高度成長期、京阪電気鉄道樟葉駅（大阪府枚方市）に近いことから、大阪のベットタウンとして注目され、UR都市機構[1]が市内の男山地区に団地の造成を始め、1972年3月から男山団地（A地区・B地区）の入居が始まった。現在、男山地区にはUR賃貸住宅4千6百戸、団地型分譲住宅を含めて約六千戸の住居があり、男山地域の人口は市全体の3分の1を占めている（写真①）。高度成長期、団地に住むことは都会人としての1つのライフスタイルであり、憧れでもあったが、21世紀に入ると、男山団地でも施設の老朽化や住民の減少、若い世帯が移り住まず住民の高齢化が進み、コミュニティも希薄化するという、全国の多くの集合団地と同様の問題を抱えていた。

写真①　男山団地の風景（辻村氏より提供）

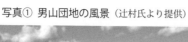

２０１１年、関西大学・先端科学技術推進機構・地域再生センター（研究代表者、関西大学環境都市工学部江川直樹教授）が計画した「〝集合住宅団地〟の再編（再生・更新）手法に関する技術開発研究」プロジェクト（以下、「ＫＳＤＰ団地再編プロジェクト」）が文科省の支援事業に採択され、フィールドを探していた。男山団地の再編問題が重要課題となっていた八幡市は、江川教授に相談に行き、マッチングが成立すると、併せて京都府にも参加を求めた[2]。２０１２年４月にはＵＲ都市機構も加わり、２０１３年10月に京都府立ち会いの下、関西大学、ＵＲ都市機構、八幡市の三者で男山地域のまちづくりに関する無期限の連携協定が締結され、「男山地域再生基本計画」（以下、基本計画）が策定された。

(2) きっかけ活動としてのだんだんテラス

基本計画には、男山の将来目標として「地域とともに元気な暮らしができる、住みたい、住み続けたい男山」が掲げられ、「元気の創造」を生み出す７つの基本目標が示された。その実現を図るために示されたのが、「玉突きアプローチ」という考え方であった。すなわち、きっかけとなる活動をまず実施し、それを契機に玉突きのように次のネットワークができ、新しい活動が連鎖的に誘発されていくというまちづくりのイメージである。また、そのために住民や活動をつなげ、調整を行う「地域コーディネーター」の配置が重要であるとされた。

きっかけとなった最初の活動が、３６５日男山団地の住民が気軽に集まれる「だんだんテラス」[3]の開設である。団地内には複数の地区に集会場が設けられ、住民が活用できるようになっているが、特定の目的がなくてもふらっと立ち寄れる場所がなかったことから、商店街の空き店舗を改修し、２０１３年11月に開設された。だんだんテラスには、主に関西大学の院生が３６５日年中無休（午前10時～午後6時）で常駐し、朝市が開かれたり、学校帰りの小学生が立ち寄り、宿題を院生にみてもらったりと、様々な住民がふらっと立ち寄ったり、ＵＲ若手職員によるワークショップや介護予防体操教室などの催し物ができる場所として今やすっかり地域に定着している（写真②）。

　だんだんテラスの開設が始まった翌年度には、子育ての分野（ダンチdeコソダテin男山）で２つの新しい取組みが生まれている。

　１つは、ＵＲ都市機構がリノベーション住宅の供給やエントランス改修による団地環境の整備、若年世帯を対象とする家賃負担の軽減など、子育て世代に向けた住宅供給を始めたことである。リノベーション住宅として年度ごとに「のびやかに暮らす」、「ひろく暮らす」、「ロビーラウンジのある住まい」など、関西大学の院生が入居後の住まい方の調査を基に設計したプランが毎年度　、ＵＲ都市機構に提示された。

　もう１つの動きは、団地のＡ地区の集会場に開設された、地域の子育て世帯をサポートするおひさまテラスの運営である。このおひさまテラスは、再編プロジェクトが始まった頃、八幡市の児童センターで活動していた大西美智子氏が代表を務める任意団体が運営している。生後１か月

写真②　だんだんテラスでの活動風景（辻村氏より提供）

から保育園入園前ごろまでの子どもとその保護者を対象に、一時預かりや親子が一緒に遊べるスペース提供等のサービスを行っており、おひまテラスに通う親子のネットワーク形成の場やお母さんたちがリラックスして過ごせる地域の居場所になっている。

2015年には、高齢者対策として、地域密着型特別養護老人ホーム（定員29名）、高齢者あんしんサポートハウス（定員20名）、定期巡回・随時対応型訪問介護看護、多目的ホールなどの多目的機能を持つ八幡市地域包括ケア複合施設YMBTが開設され[4]、その運営は社会福祉法人「若竹福祉会」が担っている。

2　住民自治による地域課題の解決へ

（1）男山やってみよう会議の開催

だんだんテラスの運営は、住民や研究者、学生、行政、UR都市機構が参加するだんだんテラスの会が行い、八幡市はその活動を補助している。前述の基本計画で重視された「地域コーディネーター」として、辻村修太郎氏がだんだんテラスの運営と再編プロジェク全体の調整役を担っている[5]。辻村氏の最大のミッションは、男山団地のコミュニティ再生であった[6]。おひさまテラスによる民間の活動はあったが、ここまで大学と行政、そしてUR都市機構を中心に進められてきた再編プロジェクトに何としても必要であったのが、地域住民の参画であった。そのため、実施された仕掛けが「男山やってみよう会議」である。男山やってみよう会議とは、「住みたい、住み続けたい男山地域であるために、幅広い世代が集い、まちづくりの方向性や具体的な取組みについて議論を重ね、何ができるかを話し合う場」と定義され、だんだんテラスの会が事務局となった。男山地域に居住する人はもちろん、男山地域に関心のある人で、年齢が15歳以上の人を対象に２０１５年２月に公募を行い、男山地域外も含めた住民や関西大学の大学院生、八幡市役所やUR都市機構の若手職員など、38名の応募が得られた。

ファシリテーションを専門とする京都市内のNPO法人の指導のもと、３月から男山団地内の集会施設に集まり、地域の魅力と課題を出し合い、それをマッピングするなどの作業が３月中にワークショップ形式で第３回目までに行われた。４月からはメンバーから出された課題に対して３人以上のメンバーが集まることを条件にグループをつくり、成立した各グループでどのように活動をしていくかについて話し合いが行われた（写真③）。その結果、６月には夢プロジェクトチーム、DIYチーム、防災チーム、ヤバい！まち歩きチーム、だんだんテラス継承・拡充チームの5チームが立ち上がり、８月にはそれぞれ活動が始まった。まさに「玉突きアプローチ」の実現であった。

翌年、各チームが10月に開催された「男山秋祭り」に参加し活動のPRを行うと、２０１６年３月にはまちの公共員の成果を発信する「男山やってみよう祭り」と題した住民参加型の報告会

写真③ 男山やってみよう会議のワークショップ風景

（辻村氏より提供）

も開催された。この間、男山やってみよう会議は継続して行われ、こども食堂チーム、手づくり市チーム、緑道de遊びたいチームなど新たなチームが結成され、合計11のチームが立ち上がり、前年度にできたチームと同様に地域で活動を始めている（写真④）。

やってみよう会議の事務局はだんだんテラスの会であり、情報共有のために事務局と各チームのリーダーとの会議が設けられているが、やってみよう会議から生まれた各チームの運営はあくまでも各チームの主体性に任されている。

写真④　男山やってみよう会議でできたチームの活動風景

（辻村氏より提供）

（2）さらに続く新しい活動

その後も男山団地では、様々な変化がみられる。UR都市機構もだんだんテラスで住民とのワークショップを開催し、地域医療福祉拠点化の取組みとして、2016年度から手すりや浴室暖房などを設置する等、高齢者の住戸内の安心・安全に配慮した「健康寿命サポート住宅」への改修を進めている。これまでに22戸の供給が行われている。また、2018年には団地内の高齢者が安心して暮らせるよう各種の相談に応じたり、交流促進のためのイベント等を企画する生活支援アドバイザーを配置したりしている。2019年には、団地の一部住棟にエレベーターが配置された。

だんだんテラスの活動からスピンオフした活動も生まれている。必要な時期に自分が住んでいる住まいに手を加えて、住み続けやすくできるセルフリノベーションの構築が、関西大学側とUR都市機構との協議の上、団地内のC地区で「ココロミタウンの特区」として始められた。住民によるセルフリノベーションの取組みを促進・支援するため、2018年に関西大学によって、だんだんテラスのすぐ隣の空き施設が改修され、「だんだんラボ」が開設されている。「だんだんラボ」では、京都府建築士会による住まいの相談会やDIY工具の貸し出し、共有の改修事例集（男山リノベカタログ）の閲覧等が行われている。

こうした活動は、だんだんテラスやだんだんラボを通じて住民とUR都市機構との意思疎通の機会が増えるなど、その関係性にも変化が現れてきている証左といえるであろう。

3　再編プロジェクトと住民の変化

（1）再編プロジェクトの特徴

以上のように、関西大学の学生が1年365日休まずにだんだんテラスに詰めるという本気の姿をみて次の活動が起こり、それをみてまた新しい活動が連鎖的に誘発されていくという「活動の共鳴化」ともいうべき現象が起こったことが、再編プロジェクトの特徴の1つである。また、行政と大学というような1対1のパートナーシップではなく、公（八幡市と京都府）、学（関西大学）、産（UR都市機構）、民（民間の任意団体及び住民によるグループ）の多様な主体が参画し活動する対等な「マルチパートナーシップ」が形成されたことも、再編プロジェクトのもう1つの大きな特徴といえよう。

子育て支援や高齢者の見守りなど特定の課題を取り扱うのとは違い、まちづくりの活動は団地自体の住環境の改善とコミュニティの再生といった、ハードとソフトの取組みが両面にまたがって同時並行的に、様々な主体により継続して展開されていくことが重要である。そうした年輪を重ねることで、ゆっくりとまちの姿や人がつくり出す地域の空気のあり方に変化を与えていくからである。男山地域は今まさしく、男山団地を核として時間をかけながら変化をみせ始めているところである。

（2）再編プロジェクトがめざしたものと持続可能性

前述した基本計画に掲げられた男山の将来目標には、その下に7つの基本目標があげられている。そのうち「③快適に暮らせる住まいがある地域にする」や「⑤元気に暮らせる豊かな生活基盤がある地域にする」という目標は、まだ達成には至っていない。しかし、UR都市機構による子育て世代に向けたリノベーション住宅の供給やおひさまテラスの開設、八幡市地域包括ケア複合施設ＹＭＢＴの設置、セルフリノベーションの構築ができる「ココロミタウンの特区」の設置とそれを支援する「だんだんラボ」の開設などによって、その実現に向け着実に進んでいるように思われる。

一方、こうしたハードの取組みとは違い、「②生きがいのある暮らしを自らつくる地域にする」や「⑦コミュニティを育み、互いを気遣う暮らしがある地域にする」という基本目標は、だんだんテラスという住民の居場所とそこを拠点に活動する男山やってみよう会議でできた15のグループによって、実現しつつあるといえるであろう。特に再編プロジェクトへの住民の参画は、最初は大学や行政が主導で始まっただけに難しいものであったが、一番大きな変化があったのはある意味、男山地域の住民であったといえるかもしれない。応募したとはいえ、どういうゴールに行き着くのかはっきりしないまま始まったワークショップ形式の男山やってみよう会議で、最初は戸惑い、会議の進行が遅いと不安や不満を持った住民も少なくなかった。しかし、回を重ねるにつれ、参加者の目つきが変わり、グループができると各テーブルでは楽しそうに今後の活動について話し合う姿がみられるようになり、現在では多様な住民主体の活動が団地内で展開されている。

また、だんだんテラス継承・拡充チームの発案の下、UR男山団地A地区自治会、福祉委員会、おひさまテラス、だんだんテラス、UR都市機構が協働で、A地区の集会場の倉庫をキッチンにリノベーションし、住民が気軽に集えるスペースをつくるという多主体が協働して行うプロジェクトも進められ、既にリノベーションが完了している。この動きはA地区だけに止まらず、2019年にはB地区集会所改修に展開し、来年はD地区集会所をリノベーションし、分譲団地住民・賃貸団地住民・地域の事業者らと「食」をテーマとしたコミュニティ拠点づくりが企画されるなど、その動向が今後も注目される。

こうした再編プロジェクトを支えてきた要因は何であろうか。その再編過程で「玉突きアプローチ」の実現や「活動の共鳴化」、「マルチパートナーシップ」が形成されたことが一因であることは前述した通りである。しかし、それらを支え活動が継続してきている要因として考えられるのは、その再編自体が団地の住環境の改善というハード面からのアプローチと、やってみよう会議のようなコミュニティの再生活動に伴う住民の意識、行動の変化というソフト面からのアプローチが同時並行的に進められてきたこと、またその過程で生まれた多様な人材にあるといえるのではないだろうか。

ＫＳＤＰ団地再編プロジェクトの企画立案を行い、文科省の支援事業に採択を勝ち取ったプロデューサーとしての江川教授、だんだんテラスという実際の活動を団地内の住民にやってみせたスターターとしての関西大学の学生たち、最初の民間活動としておひさまテラスを開設した大西氏、自らも院生の一員としてだんだんテラスの立ち上げに参加し、その後再編プロジェクトの地域コーディネーターとして活動を続けている辻村氏、関西大学とＵＲ都市機構をつないだコネクターとしての京都府のまちの仕事人、子育て世代に向け住宅の供給や高齢者向けの住宅改修を積極的に進めたＵＲ都市機構の担当職員、男山やってみよう会議の開催を支援した八幡市や京都府、ＵＲ都市機構の職員等々である。こうした多様な人材とその活動が住民等の共感を呼び、男山やってみよう会議の成功につながり、新しく主要な再編プロジェクトの活動主体となった住民グループを加えた多様な人材の存在が男山団地の再編に大きく寄与したといえよう。

おわりに

以上のように、いくつかの課題を乗り越えながらも、比較的順調に発展を遂げてきた再編プロジェクトであるが、現在、大きな転機を迎えようとしている。辻村氏は依然として、地域コーディネーターを務めているが、今後は学生はもちろん、行政職員やUR都市機構の職員も代替わりをしていく。最も危ういのは２０２０年度に江川教授が定年退職を迎え、研究室そのものがなくなることである。その受け皿として一般社団法人カンデが設けられたのであろうが、これまでのように関西大学の学生の協力がスムーズに得られるか疑問である。また、辻村氏もいつまでも地域コーディネーターを続けられる保証はない。筆者が行ったインタビューにおいて、同氏は、「今後は男山やってみよう会議のチームのように男山地域の中にいろいろなコーディネーターやリーダーを増やしていきたい」と語ってくれた。さらなる住民への分権化が必要だということであろう。

まちづくりのプロセスでは、絶えず社会の環境や活動に関わる人が変化していく。男山団地の事例は、そうした変化の中でいかに再編プロジェクトの持続可能性を確保していくのかという重要な示唆を与えてくれているように思われる。

〈注〉

1　UR都市機構とは、大都市等の市街地の整備や賃貸住宅の供給、UR賃貸住宅（旧公団住宅）の管理を主な目的とする国土交通省所管の独立行政法人である。

2　当時京都府には、まちの仕事人という制度ができており、総務部自治振興課の職員が市町村が抱える課題の解決に協力するため北部地域、中部地域、南部地域を担当とする3名の人員が任命されており、南部地域担当のまちの仕事人が参加した。

３　「だんだん」の意味は、「団地について談話する」の略と「ゆっくり＝段々」の2つの意味をかけている。

４　辻村氏は関西大学の院生時代からだんだんテラスの開設に携わり、マスターコース修了後の２０１４～２０１６年には、京都府からまちの公共員[5]に任命された。任期修了後の現在は、ＵＲ都市機構と八幡市が受託研究費を関西大学に支払い、一般社団法人カンデに業務を外部委託し、辻村氏はカンデに所属する何人かの地域コーディネーターの1人としてだんだんテラスに派遣されるという形をとっている。

６　男山団地のまち開き以来、賃貸団地の自治会が中心になって「男山地域連絡協議会」という会議体が存在していたが、２００９年には解散していた。

〈参考文献〉

江川直樹（2019）「〝大学力〟で協働する団地再生と住戸リノベーション―男山団地再編プロジェクトから」『都市住宅学 106 号』1-7 頁。

辻村修太郎・荒木公樹・江川直樹（2018）「八幡市男山地域における様々な主体が協働する地域再生のためのプラットフォームづくりに関する研究　―「男山やってみよう会議の実践を通じて」―」『住宅系研究報告会論文集』13、165-172 頁。

辻村修太郎・荒木公樹・江川直樹（2019）「ストック活用型集合住宅団地の再編に資する住戸リノベーションに関する研究」『住宅系研究報告会論文集』14、175-182 頁。

八幡市（2017）『八幡市市勢要覧　平成29年』。

第6章　住民自治と団体自治の関係性の変化
―京都府舞鶴市大浦振興協議会の実践―

勝山　享（京都府立大学公共政策学部共同研究員）

はじめに

大浦振興協議会（以下、協議会）は、京都府北東部の若狭湾国定公園に指定されているリアス式海岸の最も深く湾入したところに位置する舞鶴市と、福井県高浜町にまたがった大浦半島の舞鶴市域（大浦地区）を活動エリアとする地域組織である。

本章では、この協議会が主に行政機関への要望を中心とした活動から、地域課題の解決に向けて自ら実践する組織に変革を図ろうとする取組みを紹介するとともに、大浦地区と密接な関係にある舞鶴市との関係がどのように変化しつつあるのかを明らかにしたい。

1　大浦振興協議会と舞鶴市、京都府立大学の関係構築

（1）大浦振興協議会小史

現在の大浦地区は、明治維新前から大浦組と称せられていた21村が前身となるが、明治政府による戸籍編成のため、1871年施行の大区・小区制により、豊岡県第15大区第6小区に位置付けられる行政機関となった。その代表である区長、戸長はそれまでの住民共同体の代表であった庄屋、名主が村役人として任命されることになり、名称の廃止とともに住民共同体の代表としての性格を失い、上意下達の機関として位置付けられた。

その後、1889年の町村制施行により明治憲法下の自治制度が実施されることになるが、同年の町村合併では、21村が山間海浜に点在しており、地形上から分合しても100戸程度の小村にならないことから一村に合併すべきところであった。しかし、区域が広範で道路が険悪、交通不便であったため、区域を東西に分割し10村で構成する西大浦村と11村で構成する東大浦村が新たに発足している。

こうした上意下達の行政機関の分合は順調になされたわけでない。東大浦村では西部7村が農業を主な生業としていたのに対して、東部4村のうち3村が漁業を主な生業としており、人情風俗さえも相一致していない。にもかかわらず、生活に関係の深い町村の区域の決定に意志を表明

する機会が与えられなかったことへの住民の不満は想像に難くない。実際、1896年に病院や役場の設置場所が発端で西部と東部の住民間の対立が表面化し、実質上の分村状態が1942年の東舞鶴市への編入合併まで続いた。

このように住民自治意識の強い歴史的背景を持つ大浦地区は、半島振興対策実施地域となるべく、1966年に「大浦地域の経済、文化、産業等の総合的に発展を期すこと」を目的とする協議会が地域在住者によって組織された。[1] 協議会の現在の主な活動は、住民相互のふれあいと連帯の強化を図る「大浦ふれあいサンデー」の開催、地区の各区長からそれぞれの地域課題の改善を求める要望内容の取りまとめ、その改善策を舞鶴市や京都府の行政機関に要望書を提出する要望活動、大浦地区の他グループへの支援活動などである。

（2）協議会、舞鶴市、京都府大の協働へ

協議会は単位自治会の連合組織ではないが、協議会の役員は地区内の区長が務め、各区を構成員としていることから、連合組織を内在する組織といえよう。また、行政機関への要望活動を主な活動内容としていることから、行政機関としても地域代表性を有する住民共同体の組織として認識していることがうかがえる。[2] しかし、要望活動を行うだけでは地域の課題解決には至らないことから、協議会内では近年、住民自らが地域の課題に対して実践的な取組みを行う必要があるとの機運が高まっていた。

一方、舞鶴市では、自治会や地域への支援体制窓口を一元化するとともに地域コミュニティの再生・強化に取り組むため、２０１６年度の組織改編により、地域づくり支援課が新設された。市役所にとって密接な関係にある自治会や地域の自治機能が低下していることを危惧し、それに対処していく必要があると認識されていたからであろう。また、これまで市や関係機関からの市政情報に関する広報誌等の配布・周知ルートなど、行政の末端機関的に活用していた地域コミュニティとの関係性に変化が生じていたこともその理由の1つであろう[3]。

以上のような協議会と舞鶴市の動きと軌を一にするように、住民自らが地域の課題解決に取り組もうとする地域を研究対象として探していたのが、筆者を研究代表者とする京都府立大学（以下、京都府大）の研究グループであった。協議会、舞鶴市、京都府大の3者は協働し、大浦地区を地域コミュニティの再生・強化のモデル地区として位置付けるとともに、協議会の実践的な組織への変

図１　協議会と行政との関係の変化

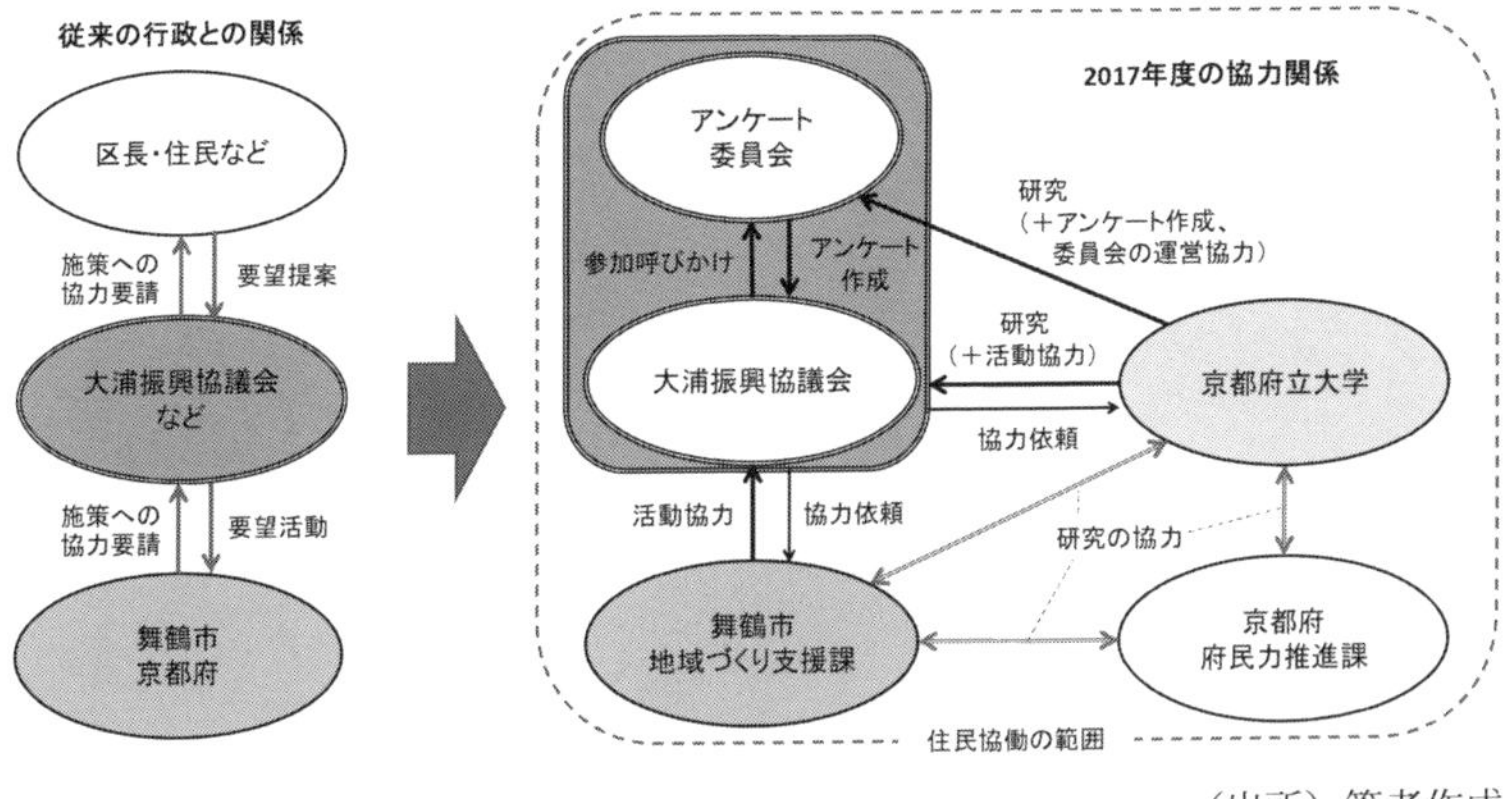

（出所）筆者作成

革を目指して、その手法を検討していくことになったのである。その最初の取組みとして実施されたのが、２０１７年に中学生以上の地区住民全員を対象に行われたアンケート調査である。

図1は、そのアンケート調査前後で協議会と舞鶴市の関係がどのように変化しているのかを示したものである。従来、両者は前述のように上意下達の関係にあったが、当該アンケート調査をめぐっては、その関係が大きく変化していることがわかる。協議会は調査の実施主体となり、アンケート内容や実施方法を検討するためにアンケート委員会の設置、地区住民に委員への参画の呼びかけを行っている。また、舞鶴市や京都府大とはパートナーの関係にあり、両者は委員会運営のサポート役として進行案やアンケート項目のサンプル提供、アンケート実施に対して助言を行い、舞鶴市が協議会と京都府大との連絡調整を、京都府大がアンケートの集計や分析をそれぞれ行った。[4]

2　住民主体のアンケートづくりと結果報告会

(1)　アンケートづくり

アンケート調査では、対象者である中学生以上の全住民が「大浦地区で安心して暮らしていくために自分たちで取り組めることを考える」ことを目的に、「今、重要と感じているが取り組んでいない項目は何か」、「取り組んでいるが改善（見直し）が必要な項目は何か」、「区単位で対応できなくなりそうなものはあるのか（大浦全体として取り組むべき項目は何か）」の３点を尋ねることにした。この調査目的をはじめアンケートづくりのために開催されたのが、前掲図１中のアンケート委員会である。委員会は３回にわたって開催され、それぞれ次のような点について検討された。

・第１回：委員全員がアンケートづくりの経験がなかったことから、参考にした他地域のアンケートを回答する中で、答えにくいものや内容がわかりにくいものを抽出し、自分たちが作るとしたらどのような表現にすべきかを検討
・第２回：前回に出た意見を踏まえた見直し案の検証を行うとともに、将来の体制見直しを見据えて地区内で取り組まれている活動の種別、活動範囲の一覧を作成
・第３回：前回までの意見を踏まえた再修正案の検証とアンケートの配布・回収方法の検討

当初は戸惑いも感じられた委員であったが、回を重ねる中で自分たちの意見やアイデアがアンケートに反映され、設問項目の可否についても自らの意思を持って決断する過程を経験し、内発的動機付けが醸成され、主体性を発揮していく様子が見られた。[5] 全３回のアンケート委員会を終えた委員からは、「ようやく大浦として一体になって進み出すのではないかと思うので、その一助になりたいと思う。大浦を見つめ直す良い機会になった」、「最初は不安であったが、大浦をよくする事の第一歩に関われて良かったし、各地域の様子も伺うことができた。各地域が発展していくための材料になると確信している」といった声も聞かれた。

また、サポーター役であった市職員からも、「自分が大浦にどっぷり関わるとは思っていなかっ

た。一生懸命頑張っておられる区長さん達と一緒に活動ができてよかった」、「最初は緊張して大人しかった皆さんが、会議を重ねることで活発に意見を出すようになっていた。アンケート結果を活用することで地域もまとまっていくように感じる」といった発言があり、委員会の参画メンバー全員が同じ目的に向かって取り組むことで、いわば「結束型」のソーシャルキャピタル(社会関係資本)が形成されたことがうかがえる。[6]こうした参画メンバーの意識変化は、アンケート用紙の配布・回収方法の提案や実際の配布・回収にも積極的に関わり、その回収率が約93%にも及んだことで、さらに心理的欲求が高まったのではないだろうか。

(2) アンケート結果の活用

2018年3月にアンケート結果の報告会を開催し、53名もの参加者が集まった。これまで大浦地区では、住民が一堂に会して意見交換する機会がなかったこともあり、報告会では住民の意識を可視化したアンケート結果に基づき住民同士が話し合うことで、次年度以降の取組みの方向性について考えてもらうことにした。具体的には、「住民の不安や困りごとを理解する」、「今後、自分たちで何ができるかを考える」、「そのために何から手をつけるのか」などが検討されることになった。

図2は、現在の取組みの重要度及び不足度について尋ねた結果を示したものである。この結果を受けて、参加者からは当面の課題として重要度及び不足度がともに高い「獣害対策」について、

被害状況や今後の対策について多くの意見が寄せられた。

その一方で、長期的な課題である人口減少・少子高齢化への対処について、重要度はさほど高くないが、不足度が高めであった移住促進策として婚活事業に取り組むべきではないかとの意見が出るなど、住民自らが今後の方向性に対する熱心な議論が交わされ、参加した住民の気づきを促す報告会となった。報告会の参加者からは、協議会が地域課題の解決に着手することへの期待や住民同士が地域のことについて話し合う場を求める声も寄せられるなど、住民意識の変化が垣間見られた。

図２　住民アンケート調査結果「現在の取組み（重要度と不足度の分布図）」

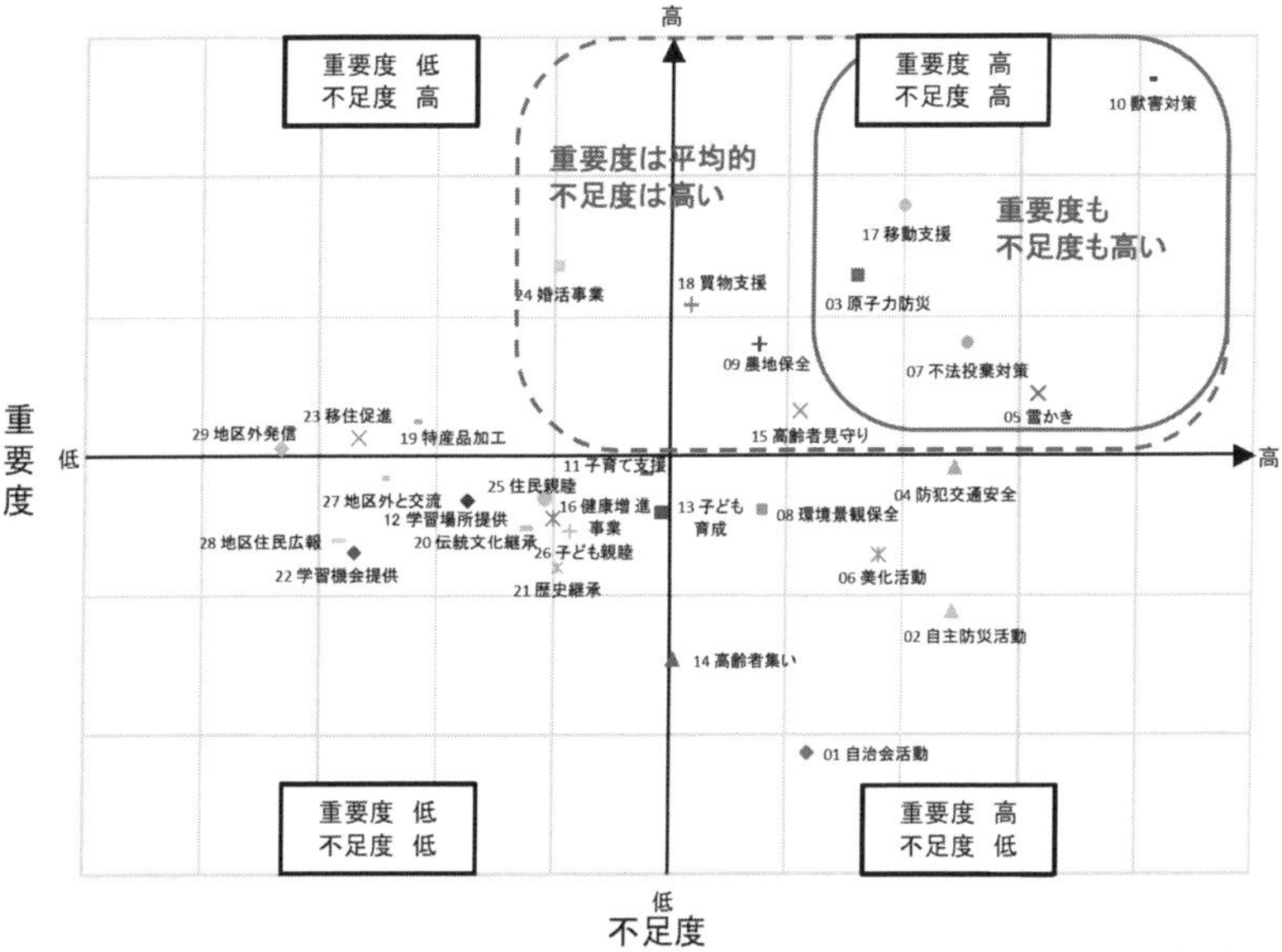

出所：筆者作成

3　ワークショップの開催

翌年の役員会（五役会・理事会）[7]では、アンケート結果報告会でも意見が出ていた婚活イベントの実施が検討されたが、協議会で実施するにはハードルが高いとして見送られた。また、「アンケート結果を全住民に周知すべき」と旧小学校区6地区で意見交換会を行うことも検討されたが、集客に課題があるとして開催が見送られた。こうした経過のなか、協議会自体が実践型組織として動くのではなく、協議会内に住民の声や意欲を汲んで立ち上げた部会を設け、その部会が実践する仕組みをつくることが諮られた。協議の結果、将来的な部会づくりにつながることを想定し、若い住民の声や意欲を汲み取るために、以下の2つのワークショップ開催を試みた。[8]

（1）ボードゲームづくり

10代の意見と行動力を活かすために、中学1年生から高校1年生まで男女11名に参加してもらい、ボードゲームの一種「すごろく」のマス目に入れるエピソードを考えるという方法を利用した。具体的には、①マス目の内容を考える過程で中高生が考える大浦の地域資源を明らかにすること、②地域の良い点を「アピールできること」と不安な点を「プラス思考で見直すこと」を考える過程で地域に関心を向けることを目的に実施した。

また、3つのグループに分かれて、「地区以外の友達を連れて行くとしたらどこ?」、「SNSで地区を紹介するとしたらどこ?」、「通学途中で気になることは何?」をテーマにマス目のアイデアを話し合ってもらった。2時間程度のプログラムであったが、年齢が近く、女性の割合が多いこともあって終始話が弾み、良い雰囲気の中で多くのアイデアが集まった。SNSをテーマにしたグループでは、ゲームアイデアが「大浦のデートスポット」を巡る恋愛ゲームに発展するなどした。ワークショップ後半では、ゲームのストーリー化へ順調に進むことができ、最後はアイデアを共有するなかで、普段意識していなかった地域の魅力や資源に気づいてもらうことができた。参加者からは、「町から遠くて不便だと思っていたけど、良いところも沢山あることに気づいた」、「自分達でゲームを作ったことによって、大浦の良いところ、また課題について見つめ直すことができた」、「意外と良いところが沢山あって、もっと沢山の人に知ってもらいたい」と概ね好意的な感想が多く聞かれた。[9]

(2) 大浦の部活

大浦に関連する地域資源、場所等を活用して自分たちが欲しいモノやコトを自ら作り出すプロセスを擬似経験してもらうために、自称20~35歳の地域に居住、通勤、関心がある人たちに集まってもらい、「大浦の部活」と称したワークショップを全3回実施した。[10] 参加者は、市職員や京都府大の教員、学生なども含め、第1回に25名、第2回に17名、第3回目に19名であった。

第1回では、参加者全員が関心や特技等を出し合うことで、地域でできそうなことの可能性を広げていくこととした。第2回では、大浦の地域資源、場所等を再認識して「大浦ならでは」のアイデアを検討した。第3回では、前回まで出し合った関心や特技と地域資源を組み合わせたアイデアの具体化を検討し、実現に向けた「プランづくり」を行った。具体的なアイデアとしては、子ども達向けの「自然資源ガイドツアー」や大浦でとれる魚介類や農作物等で作った「朝ご飯を楽しむ会」、子どもたちも楽しく参加できる「たこ焼きパーティー」などの企画案が提案された。ワークショップ終了後もＳＮＳ等を通じて、引き続き参加者同士で情報交換がなされ、提案された企画案のうち、自然資源ガイドツアーは実現につながっている。

参加者からは、「このような機会がなければ地域の人と話しすることはなかった。考えたことが実現できるか分からないが、考えることが楽しかった」、「普段では話しすることがない人と話ができて、とても自分のレベルが上がったように感じた」、「まだまだ大浦の知らないことが沢山あるので、大浦の魅力を引き出せるようにしていきたい」といった感想が聞かれた。

4　協議会の機能変化

以上のような住民主体のアンケートづくりやその結果報告会、ワークショップの開催は、協議会の協議機能にも次のような変化を及ぼしている。[11]

一つは、協議会への女性の参画である。アンケート報告会に参加した女性から「女性の声が協議会で不足していることを変えていける」と、これまで男性が中心であった協議会に参画を求めていく声があがるようになった。そうした声を受けて、地区の女性で構成し、活動する「女性の会」が協議会への加盟を希望し、2019年3月の定期理事総会では協議会の理事に「女性の会」の会長、副会長、庶務、会計の4名を受け入れる提案がなされ、承認された。

もう一つは、若者の取組みを支援していくことを協議会として認めていく姿勢が示されたことである。京都府大と舞鶴市は、同じ定期理事総会で2つワークショップの実施内容を報告する機会を得ることができたが、その際に役員からは若者が地域づくりに関わることに肯定的な発言もあり、協議会としてもそうした取組みに理解を示し、その活動を見守ることが認められた。

こうした協議会の決議や承認が得られたことは、主に世帯主が就任する区長を中心とした家父長的な運営から、参画する構成員の多様性を認め、多角的な視点での合意形成を図る組織運営に変化していこうとする兆しとして捉えることができる。しかしその一方で、組織機能の観点から次のような課題もある。第1に、役員会が組織内でどのような機能を担うのか明確に整理できていない点である。役員会は「協議機能」として、住民代表としての区長を中心とした組織である。今後の地域を同様にマネジメントしていくべきかを「地域計画」や「将来ビジョン」等によって定め、住民全体の総意としての合意形成を図る場として機能することが求められる。

第2に、そうした計画やビジョン等を実現していくために、住民の主体性と創意工夫を形にする「実行機能」を担う体制が確立できていない点である。今後を見据えて、試行した「大浦の部活」ワークショップでは、ガイドツアーのアイデアが実現したものの、単発の実施で終わっている。当初想定していた、他のアイデアも含めて試行を繰り返し、実現の可能性を高めていくところまでは至っていない。今後、こうしたアイデアの具体化や自主的な活動として継続を図る際に、参加者が実践的な経験や活用できる資源に不足を感じることが想定される。協議会としては、将来の部会制への移行を見据えた一定層のバックアップが必要となろう。

おわりに

前述した2017年度のアンケート調査実施以降、協議会と舞鶴市との関係性に大きな変化が生じている。従前は前掲の図1で示したように、地域課題の改善を「要望する側」の協議会と「要望される側」の舞鶴市という関係、行政施策を「依頼する側」の舞鶴市と「依頼される側」の協議会という関係の相互依存関係であった。その状態から、第三者的な立場の京都府大が関わることにより、実践型に組織変革を図るという共通の目的を共有し、アンケート調査やワークショップの開催などの実践プロセスの中、3者間において協働関係が形成されていった。

そのプロセスや協働関係において、市職員の地区との関わりにも変化が生じている。写真にあるように、アンケート委員会やボードゲームづくりワークショップではサポート役に徹していた

写真　変化する舞鶴市職員の大浦地区との関わり

（出所）2018年12月25日、2019年1月23日
京都府大スタッフ撮影

市職員の行動が、「大浦の部活」ワークショップでは、自らも大浦に関わる一員として他の参加者と同様にプログラムに参加して、一緒に地域の課題や地域活性化策を考えるように変化している。これは2年間、協議会と市職員、京都府大のメンバー相互が着実な地域の変化を感じ取りながら、それぞれの意向が反映され、双方に納得感を得ながら、住民アンケートやワークショップ等の方向性を検討し、実行したことによるものである。こうした同質の高い強い結びつきである「結束型」のソーシャル・キャピタルが形成されてきたことは、前述した参加者の感想からも伝わってきている。今後も地域住民が相互に連携、協働して大浦地域の将来を考え行動していく地域経営、住民自治としての営みを尊重しつつ、その障害となるものを協力して解消していく姿勢が行政職員にも求められる。

協議会の場合、地域協働体制の改革の基本方向として「広域化」と「担い手の拡張・多様化」が企図されている「地域コミュニティ組織の統合型」に位置付けられると思われるが[12]、こうした改革手法を舞鶴市が全市域で指向していくのかは不明である。ただ、かつて大浦地区内で約半世紀もの間、分村問題が起きたように、地方自治の本旨であり、両輪ともいえる住民自治と団体自治が上手く機能しなければ、地域協働体制の改革そのものが成り立たなくなることが予想される。

舞鶴市は、内閣府の「ＳＤＧｓ未来都市」、さらには全国のモデルとなり得る「ＳＤＧｓモデル事業」に選定されている。ＳＤＧｓの目標である「誰一人として取り残さない」ためにも、17のゴール（目標）のうち「住み続けるまちづくりを」進めていく上で、「パートナーシップで目標を達成」することの重要度が増してくるであろう[13]。舞鶴市が今後どのように地区と関わりを持っていくのか、大学やＮＰＯなど地域外からの関係性も活かしたパートナーシップのあり方や可能性についても含めて注目していきたい。

〈注〉

1　しかし、大浦地区は１９８５年施行の半島振興法の地域要件を満たさなかったことから、半島振興対策実施地域とはならなかった。

2　舞鶴市では、約３７０の単位自治会（自治会・町内会・区など）があり、そのうち３４０自治会が小学校区ごとに27連合組織を形成（大浦地区の場合は東大浦区長連合会、西大浦区長連合会が存在）している。また、その組織の集まりとして「舞鶴自治連・区長連協議会」が組織化されており、大浦振興協議会とは異なる地域代表性の構造が存在する。

3 日高（2018）は、町内会自治会とは、基礎的実態の管轄区域内にそれらが重複なく網羅的に組織され、当該自治体と一定の相互依存関係を有する非公式の地方自治システムとしている。また、舞鶴自治連・区長連協議会（2016）では「自治会と市役所が役割分担しながら、地域の実情に合った解決方法を模索し、住民が主体となって取り組むことが求められています」としている。

4 協議会では、これまで年齢や立場を超えて話し合う機会はなかったことから、委員にはできるだけ自由に話が出来る環境を整備するとともに、話し合いが円滑に進めるファシリテーションの知識やノウハウを有していた京都府府民力推進課の職員に協力を得た。

5 デシ（1999）は、内発的動機付けとして、①自ら決め、行動する自律性、②参画者が参加する中で自身の能力の向上が実感できる有用性、③周辺の参画者や関係者との関係性、が重要と説いている。

6 パットナム（2006）は、ソーシャル・キャピタル（社会的ネットワークとそこから生じる互酬性と信頼性の規範に係る重要性を説く概念）を大きく、集団内の人と人との同質の結びつきを強化する「結束型」と、異なる集団間の異なる立場の人々を包含するネットワークである「橋渡し型」に区分し、相互補完的な関係にあるとした。

7 五役会は、協議会の会長1名、副会長2名、常任理事2名、顧問3名、会計1名、庶務1名で構成されている。また理事会は、五役会の構成員に加え、副会長以外の区長で構成されている。

8 2つのワークショップでは、「参加者が楽しみながら地域のことについて考えることができる場」にしたい協議会からの要望を受けて、遊びの要素を意識したプログラムを実施した。

9 後日に関係者に聞いたところ、参加者からは「実際にボードゲームに仕上げて、地域で遊べるようにしたい」との感想も出ていたという。

10 企画段階では、地区内で模擬店などを出店する「1日だけの起業ごっこ」を当面の目標としていたが、目標設定が高いと参加者の参加意欲が低下することが想定されたため、見直すこととなった。

11 総務省（2015）によれば、地域運営組織は「地域課題を共有」し、「解決方法を検討」するための「協議機能」と、「地域課題解決に向けた取組を実践」するための「実行機能」を有する組織と位置付けられる。

12 日高（2018）は、地域協働体制の改革の基本方向として地域範囲の広がりと活動主体の広がりの傾向から、A型：町内会自治会単独型、B型：町内会自治会間の連携型、C型：ボランティア・NPO・民間事業者との連携型、D型：

地域コミュニティ組織の統合型とに分類している。
13　舞鶴市では、２０１９年度を始期とする「第７次舞鶴市総合計画」を策定し、具体施策「新たな地域コミュニティの形成促進」として、「自治会だけでなく、市民活動団体など地域に関わる多様な主体が、自治会の単位よりも大きな枠組みで連携し、拡大する地域課題の解決にあたるなど、新しい枠組みによるこれからの地域コミュニティのあり方を検討し、その形成を促進」することとしている。

〈参考文献〉


エドワード・L・デシ、リチャード フラスト著、桜井茂男訳（1999）『人を伸ばす力 ―内発と自律のすすめ―』新曜社。

総務省（2015）『暮らしを支える地域運営組織に関する調査研究事業報告書』。

日高昭夫（2018）『基礎的自治体と町内会自治会 ―「行政協力制度」の歴史・現状・行方―』春風社。

舞鶴市（2019）『第７次舞鶴市総合計画』。

舞鶴市（1982）『舞鶴市史・通史編（下）』。

舞鶴市（1978）『舞鶴市史・通史編（中）』。

舞鶴自治連・区長連協議会（2016）『自治会ハンドブック』。

ロバート・D・パットナム著、柴内康文訳（2006）『孤独なボーリング ―米国コミュニティの崩壊と再生』柏書房。

終章　人がまちを育てるために

川勝　健志（京都府立大学公共政策学部教授・ＫＩＲＰ副統括マネージャー
／ポートランド州立大学ＣＰＳシニアフェロー）

1　日本の自治体に見るよくある住民参加

ポートランドには第1章で紹介されたネイバーフッド・アソシエーション（以下、ＮＡ）以外にも、予算の編成過程や地域の人たちのニーズを汲み取るプロセス、近隣地区の土地利用のあり方を考える計画づくりなど、住民にとって重要なことを決めるプロセスに住民が参加できる公式のチャンネルが無数にある。[1]

一方、日本でも住民参加を促進する制度の整備自体はかなり進んできた。例えば、高齢者福祉やまちづくり、公共事業の見直しといった場面で住民参加の制度が活用されているという事例は少なくない。しかし、島田（2016）が行った調査結果によれば、全国の自治体で条例に規定されている住民参加手法として採用されているのは、パブリックコメントや審議会委員の住民公募がそれぞれ55%、53%を占めている一方で、住民に政策提言を認めるようなものは13%にとどまっている。また、行政サイドに尋ねた参加手法の選択についても、「参加対象事項の所管課の選択に委ねる」と回答した自治体が49%であったのに対して、「第三者機関による審議を経て決定」と回答した自治体は、わずか5%であった。つまり住民参加の場がないわけではないが、その場に偏りがあり、かつ価値判断や手法の選択への関わりが乏しい。

島田は、まちづくりや政策に対する住民意向の反映状況に対する評価についても住民に尋ねている。その結果、住民の53%が「一部の意見、要望だけが反映されている」、35%が「反映されていない」と回答している。住民参加の機会は設けられているが、そこで出た意見や提案が実際に採用されるケースは極めて限られているのである。このことが、積極的に参加しようという人たちの意欲を失わせているといえよう。

ではなぜ住民参加の制度があるにもかかわらず、その実効性を担保できないのであろうか。例えば、パブリックコメントについて言えば、出てきた意見を採用するかしないかは、行政側の裁量に委ねられているうえに、そのフィードバックを行う義務づけもないからである。また、まちづくりに必要な情報についても、行政にとって必要だと考える情報のみが公開され、住民や他の利害関係者が真に必要とする情報が共有されていないという場合も少なくない。これでは住民参加自体を保障したとはとても言えない。説明会やワークショップのような話し合いの場が設けられたとしても、一部の住民が少数集まるだけでしかもその場限りで終わるということもある（第2章）。住民参加の機会を忌避しがちだが、やらなければ説明を求められるがゆえに形だけやる実態は、住民参加どころか行政への不信感を高めることになりかねない。

2　ポートランドと日本の萌芽的事例に学ぶ

では住民参加を実質化し、話し合いの場を効果的なものにするには、どうすればよいのであろうか。住民参加の制度を見直しさえすれば、前述のような問題が解決できるのであろうか。

本書の回答は「ノー」である。本書で紹介してきたポートランドと、日本のまだ萌芽的ともいうべき事例が示唆しているのは、住民参加は単に制度を見直せばよいのではなく、その仕組みを生かす人の力と関係者間の信頼関係がなければならないという点である。

具体的には第1に、話し合いの実効性を高める主体の形成である。日本の自治体でよくみられる審議会方式のように、あらかじめ専門家や住民の代表などの参加者を決めるのではなく、まず地域の中で「誰がその問題に関心やニーズを持っているのか」、「事業の改善に向け誰が参加する必要があるのか」を把握する必要がある（第3章）。それなしには、効果的な話し合いができないからである。八幡市の男山団地再編プロジェクトを支える活動が持続的に行えているのも、団地の住環境の改善というハード面とコミュニティの再生活動というソフト面からのアプローチを同時に進めるプロセスで生まれた多様な人材の参加によるところが大きい（第5章）。

ポートランドコミュニティガーデン（ＰＣＧ）や舞鶴市の大浦振興協議会の事例が示唆しているように、そうした多様な主体間での対等な話し合いや合意形成を図るためには、共通の目標や認識のすり合わせを行うＮＰＯや大学のような橋渡し役を介した協働の場が求められる。そしてその際に鍵を握るのは、互いが共感し、目指す未来に共鳴できるかである。

第２に、多様性を育む関係づくりである。地縁団体のような伝統的なコミュニティ以外にも多様に存在するコミュニティを巻き込まなければ、特定の人たちの声だけが反映される住民参加になり、公正性を欠くまちづくりになってしまうからである。ポートランドの住民参加を支えているのは、今もなお地縁ベースのＮＡであるが、近年ではそうした基盤となるコミュニティは地理的に区分されたものだけではないとの認識が高まり、市はネイティブアメリカンや移民・難民などのコミュニティ団体やＮＰＯ団体等ともパートナーとなり、各団体が求める活動を協働しながら実現させる事例も増えてきている。

日本でも出雲市のように、エスペランサのようなＮＰＯが中心になって行政、住民団体、民間事業者、外国人住民をつなぎながら、外国ルーツの子どもや若者の成長を支える場をつくり、多様でより多くの人たちを包摂する地域社会を目指す取組みが活発化しつつある（第４章）。外国にルーツを持つ子どもや若者にとって、学校や家庭とは異なるいわば「サード・プレイス（第三の場所）」での他者との交流は、他者や社会に対する信頼感を育むことにつながるという。日本でも今後、本格化するであろう多文化共生の地域づくりに行政サイドに求められるのは、そうした信頼関係を築いていくために不可欠な調整役とのパートナーシップと施策への普遍的なアクセスを確保する「公正性のレンズ」（第１章）である。

第３に、伝統的なコミュニティにありがちな「やらされ感」を払拭して、「関わり感」を醸成していくことである。ポートランドのNAは地縁ベースの自治組織であるが、世帯単位ではなく、個人単位であくまで自主的に加入する「緩やかな」参加の機会である。しかもその主な活動内容はコミュニティの活性化や政策提言などで、行政の下請け的な役割を担っているわけではない（第1章）。そのためか、NAに参加している人たちからは、「私という個人でも、社会を変えられる希望がこのまちにはある」と言う言葉がよく聞かれる。もちろん、すべての人がそのように考えているわけではなく、NAに参加しない人も相当数いる。しかし、「どうせ言ってもムダだ」という日本でよく耳にする状況とはずいぶんと異なることに驚かされる。

しかし日本でも、舞鶴市の大浦振興協議会のように、かつては要望する住民と要望される行政、行政施策を依頼する行政と依頼される住民という相互依存であった両者の関係が、近年は地域の課題を解決するためにそれぞれが主体性をもった実践型の組織に変化しつつある（第6章）。そのような変化が見られるようになったのは、住民がアンケート調査やワークショップ開催などに直接関わり、行政や大学と協働して取り組むプロセスを心から楽しみ、小さな成功体験を積み重ねていったからに他ならない。あくまでサポート役に徹していた市の職員が自らも他の参加者と同様にそうした取組みに参加し、地域の課題や活性化策を一緒に考えるように変化していったのもそのためであろう。

住民と行政は時として敵対的になるが、両者は立場こそ違うものの、わがまちをより良くしたいという思いは同じはずである。お互いが地域社会の未来を一緒につくる大切なパートナーであると認識するとともに、それぞれの立場に関係なくオープンマインドで対等に話し合うことが求められる。またそうした話し合いの場では、単に自分の利害のみや極端な意見を述べるのではなく、互いに「合意を求めて」建設的に話し合う姿勢、場合によってはポートランドの「市民参加原則」（第1章）のようなルールが必要であろう。合意形成のプロセスでよく言われる「落としどころ」に正解はない。成功の可否がわからないからこそ必要なのは、幅広い住民が知っている、周知されているという前提と関係者間での継続的な対話と熟議を重ねて得られる納得感である。そのような話し合いの場を通じて住民と行政が互いに学習し、成長し合いながら地域社会の力量を高めていくことが、まちを育てていくのではないだろうか。

〈注〉

1　ポートランド州立大学のスティーブ・ジョンソン特任教授は、そのような制度化された「話し合いの場」を civic infrastructure と呼んでいる（Johnson, 2002）。

〈参考文献〉

島田恵司（2016）「参加と協働─改革への道─」『自治総研』通巻 457 号、1-36 頁。
Johnson, R. S (2002) The Transformation of Civic Institutions and Practices in Portland, Oregon 1960-1999.

京都地域未来創造センターブックレット **No. 7**

人がまちを育てる

ポートランドと日本の地域

2020年3月20日　初版発行

企　画　京都府立大学京都地域未来創造センター（KIRP）
〒606-8522　京都市左京区下鴨半木町1-5
TEL 075-703-5319　FAX 075-703-4979
e-mail: kpiinfo@kpu.ac.jp
http://www.kpu.ac.jp/
編　著　川勝健志
発行人　武内英晴
発行所　公人の友社
〒112-0002　東京都文京区小石川5-26-8
TEL 03-3811-5701　FAX 03-3811-5795
e-mail: info@koujinnotomo.com
http://koujinnotomo.com/
印刷所　倉敷印刷株式会社

ISBN978-4-87555-843-9

出版図書目録

●ご注文はお近くの書店へ
小社の本は、書店で取り寄せることができます。
●直接注文の場合は
電話・FAX・メールでお申し込み下さい。
（送料は実費、価格は本体価格）

【京都府立大学京都地域未来創造センターブックレット】

No.1
地域貢献としての「大学発シンクタンク」
京都政策研究センター（KPI）の挑戦
編著 青山公三・小沢修司・杉岡秀紀・藤沢実 1,000円

No.2
もうひとつの「自治体行革」
住民満足度向上へつなげる
編著 青山公三・小沢修司・杉岡秀紀・藤沢実 1,000円

No.3
地域力再生とプロボノ
行政におけるプロボノ活用の最前線
編著 杉岡秀紀
著 青山公三・鈴木康久・山本伶奈 1,000円

No.4
地域創生の最前線
地方創生から地域創生へ
監修・解説 増田寛也
編著 青山公三・小沢修司・杉岡秀紀・菱木智一 1,000円

No.5
「みんな」でつくる地域の未来
編著 京都府立大学京都政策研究センター 1,000円

No.6
現場からみた「子どもの貧困」対策
行政・地域・学校の現場から
企画 京都府立大学京都地域未来創造センター
編著 小沢修司 1,000円（品切れ）

【単行本】

「地方自治の責任部局」の研究
その存続メカニズムと軌跡（1947-2000）
谷本有美子 3,500円

自治体間における広域連携の研究
大阪湾フェニックス事業の成立継続要因
樋口浩一 3,000円

グリーンインフラによる都市景観の創造
金沢からの「問い」
金沢大学地域政策研究センター【企画】
菊地直樹・上野裕介【編】 1,000円

議員のなり手不足問題の深刻化を乗り越えて
地域と地域民主主義の危機脱却手法
江藤俊昭 2,000円

人口減少時代の論点90
井上正良・長瀬光市・増田勝 2,000円

フランスの公務員制度と官製不安定雇用
図書館職を中心に
薬師院はるみ 2,000円

総合計画を活用した行財政運営と財政規律
鈴木洋昌 3,000円

議会が変われば自治体が変わる
【神原勝・議会改革論集】
神原勝 3,500円

近代日本都市経営史・上巻
高寄昇三 5,000円

図解・こちらバーチャル区役所の空き家対策相談室です
空き家対策を実際に担当した現役行政職員の研究レポート
松岡政樹 2,500円

【北海道自治研ブックレット】

No.1
市民・自治体・政治
再論・人間型としての市民
松下圭一 1,200円

No.3
福島町の議会改革
議会基本条例＝開かれた議会づくりの集大成
溝部幸基・石堂一志・中尾修・神原勝 1,200円

No.4
議会改革はどこまですすんだか
改革8年の検証と展望
神原勝・中尾修・江藤俊昭・廣瀬克哉 1,200円

No.5
ここまで到達した芽室町議会改革
芽室町議会改革の全貌と特色
広瀬重雄・西科純・蘆田千秋・神原勝 1,200円

No.6
国会の立法権と地方自治
憲法・地方自治法・自治基本条例
西尾勝 1,200円